AF374709

Atrévete
a ser una
Mujer Exitosa

Título original: ***Atrévete a ser una mujer exitosa***
Primera edición en tapa blanda, marzo 2022

Copyright © 2022 por Lucy Escobar Coaching and Consulting, LLC.
581 Lancaster Dr SE, No. 375, Salem, OR 97317
www.lucyescobar.com
www.atreveteaserunamujerexitosa.com

ISBN: 979-8-9854213-0-9

Publicado en Estados Unidos de América - Published in U.S.A.

Atrévete
a ser una
Mujer Exitosa

GUÍA PARA EL CRECIMIENTO PERSONAL, INTELECTUAL, PROFESIONAL Y ESPIRITUAL

LUCY ESCOBAR

A las mujeres del mundo.

*Deseo que las mujeres tengan
dominio sobre sí mismas.*

Lucy Escobar

Agradecimientos

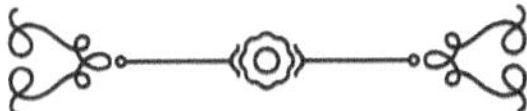

Quiero dar gracias primero a Dios por su amor y su misericordia. Así como a las mujeres y hombres que he atendido en mi consultoría, también quienes han participado en mis conferencias y talleres presenciales y virtuales. Gracias a todos por sus testimonios y por atreverse a ser exitosos. Agradezco de todo corazón por su confianza, de esta manera ustedes han sido el motivo de inspiración para crear esta obra. Anhelo profundamente que este libro sea de bendición para su vida.

Agradezco a mi hijo por ser la alegría de mi vida y por impulsarme a vivir mi esencia de mujer exitosa. Te amo hijo.

Agradezco a mi familia por los valores y principios que me han inculcado.

Agradezco a Filiberto Soto por su incondicional apoyo y cariño.

Un agradecimiento especial a mi querida amiga Raquel Cruz Ramirez por su amistad cariñosa, humilde, fiel, sincera y comprensiva. Su apoyo incondicional y sincero es una bendición para mí vida ¡Gracias de corazón!

Agradezco a mi querida mentora, Dra. Mónica Andalón González de todo corazón por su amor, dedicación, sabiduría y paciencia durante la redacción de esta bella obra. Tu amor y paciencia es un regalo de Dios para mí. Gracias por ser, estar y existir.

Agradezco a mi estimada amiga Chely Castillo por ser una mujer genuina y bondadosa.

Agradezco a mi amiga Miriam Aguilar Escobar por ser una inspiración para mi vida.

Agradezco a Martha Torres por ser una mentora de fe en mi vida y por su apoyo incondicional en Renueva tu Fe.

Agradezco a Mariana Laguna por su apoyo como mi community manager y por creer en mi proyecto.

Agradezco a Luz Nájera por su dedicación y creatividad en el diseño del libro.

Índice

Prólogo

Al considerar con mayor atención la esencia femenina, percibo que aunque existe gran cantidad de textos en diferentes idiomas relativos a la mujer, algunos se componen de limitadas e incompletas nociones de la vida de una mujer que día a día se esfuerza y trabaja con ahínco para alcanzar el éxito profesional, laboral, familiar y espiritual. En este sentido, estimo que esta obra fielmente escrita y fundamentada en valiosas fuentes satisface significativamente la literatura dedicada a la mujer. Ciertamente la obra titulada *Atrévete a ser una mujer exitosa* proporciona innovaciones que dan valor a este maravilloso texto que Lucy Escobar ha escrito y que publicará en breve.

Seguramente, una de las novedosas e importantes distinciones de esta obra radica en que la autora lleva a cabo una exhaustiva investigación concerniente al universo femenino basada en su amplia experiencia sustentada en el arte de la Mentoría en desarrollo personal, empresarial y espiritual; en este sentido, Lucy Escobar proporciona herramientas primordiales establecidas en su original método de visión, plan, acción y resultados, con la intención de que la mujer se valore y visualice las aptitudes que la guían a alcanzar su propia transformación. Esto desde luego, sin soslayar los cambios profundos de índole personal que la autora inspira en cada mujer que anhela ser exitosa.

De esta manera, un aspecto distintivo del libro *Atrévete a ser una mujer exitosa*, se encuentra en el capítulo VIII, titulado "Mujeres exitosas en la actualidad: vida y obra", en donde se lleva a cabo el estudio de un magnífico legado de un grupo de mujeres que con sus obras realizaron inestimables aportaciones científicas, artísticas, espirituales y culturales; vale destacar que el ejemplo de estas mujeres de diferentes nacionalidades continúa impulsando la grandeza que alcanza la mujer ingeniosa, y de esa manera ellas impulsan a otras mujeres a brillar en su camino.

La autora ofrece otro elemento original, si bien el libro *Atrévete a ser una mujer exitosa* está escrito para la mujer, su lectura no es exclusiva para el género femenino, de ningún modo este texto confronta a la mujer con el hombre, simplemente porque las femeninas y los masculinos son importantes para la humanidad y cada uno ocupa un lugar especial en la sociedad.

Desde mi particular punto de vista el aporte más importante de este libro de Lucy Escobar, consiste en que se examinan diversos temas concernientes al desarrollo personal, profesional, empresarial y espiritual; con la intención de que la mujer alcance el éxito deseado, ya que partir de un enfoque auténticamente femenino la autora invita a todas las mujeres a triunfar y alcanzar la felicidad, el amor, la paz y por supuesto el éxito.

Atrévete a ser una mujer exitosa escrito por Lucy Escobar es un libro que contribuye a los estudios sobre el desarrollo personal femenino, y con toda certeza promete ser un texto de difusión entre un gran número de mujeres latinas, estadounidenses, afroamericanas, asiáticas, en fin de cualquier nacionalidad que vivan en Oregon, USA, o en otro punto del universo.

Dra. Mónica Andalón González*
México, 25 de noviembre de 2021.

* Doctora en Estudios Mesoamericanos por la Universidad Nacional Autónoma de México.

Introducción

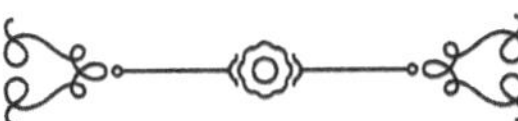

Atrévete a ser una mujer exitosa, es un libro creado para las mujeres que desean el éxito, y anhelan descubrir la causa que impide tener una vida completa. Una mujer exitosa sabe que su vida no es perfecta, se acepta como es, una mujer fuerte, inteligente, virtuosa, bella, amorosa, perseverante y con una fortaleza invaluable que le permite buscar y encontrar un equilibrio en su vida. De esta manera, ellas prevalecen en el éxito alcanzado.

¿Qué sería del mundo sin ti mujer? ¿Te has detenido a pensar? ¡Imagina por un minuto!

Este libro es una herramienta que te asiste para que puedas trabajar en esos aspectos de tu vida que necesitan atención. Si tomas con certeza la decisión de hacer cambios en tu vida, estos se obtendrán porque tú así lo deseas.

Ser una mujer exitosa de ninguna manera significa que no conozcas el miedo, lo importante es saber dominarlo y superarlo.

Ser mujer exitosa conlleva a que conviertas tus sueños en realidad para disfrutar tu esencia femenina.

Ser mujer exitosa significa que aprendes de tus fracasos y errores y que estás dispuesta a intentar una y otra vez, hasta alcanzar tus metas.

Ser mujer exitosa implica que te diviertes en grande, en el momento y lugar preciso.

Ser una mujer exitosa no significa que "lo sabes todo o puedes hacer todo". Tu éxito depende de impulsar a otras mujeres y juntas lograr sus ideales. La mujer exitosa celebra el éxito de sus compañeras.

Atrévete a ser una mujer exitosa, surge de una conferencia titulada "Atrévete a ser una mujer exitosa".[1] Asimismo, esta obra se inspira en los talleres presenciales y en línea que imparto regularmente, en consultas sobre desarrollo personal, empresarial en mi consultoría y espiritual en el taller 'Renueva tu fe', en *Facebook live* de 'Lunes con Lucy' y también en diferentes temas que comparto en *Clubhouse* en el club 'Capacitado Líderes'.

Para la investigación de esta obra se consultaron diferentes fuentes que abordan temas concernientes al universo femenino.

Lo valioso de este libro *Atrévete a ser una mujer exitosa*, radica en que tú puedes leerlo una vez, y regresar a él y volverlo a leer. La aportación de este libro consiste en encontrar solución a situaciones difíciles que estés enfrentando, como depresión, desánimo, carencia de fortaleza emocional, falta de éxito y sentirte poco valorada. Sin duda, este texto te va a ayudar a obtener equilibrio y felicidad en tu vida; aplicando el método de mi consultoría: visión, plan, acción y resultados.

---

[1] Conferencia impartida en Salem Oregon por Lucy Escobar. Marzo 14, 2020

El objetivo principal de *Atrévete a ser una mujer exitosa* consiste en que tú modifiques la forma de verte a ti misma, a través de la ayuda de un mentor o un *coach* siempre con el anhelo de contribuir y trascender en el universo femenino.

El libro tiene como punto de partida los siguientes objetivos: 1) Desarrollar la esencia femenina en el universo del éxito; 2) Preparar a las mujeres a vencer el miedo y triunfar en la vida; 3) Inspirar a las mujeres a realizar sus sueños; 4) Ayudar a las mujeres a fortalecer su visión femenina y trascender como mujeres exitosas; 5) Invitar a las mujeres a ampliar sus conocimientos en cultura, ciencia y arte.

Capítulo I

La mujer: Su esencia en el universo del éxito

¿Qué expresa una mujer exitosa?

Durante mi trayectoria como mentora en liderazgo empresarial y como mentora en desarrollo humano, he tenido la oportunidad de trabajar con un gran número de mujeres que acuden a mí por diferentes circunstancias personales. Este hecho me llevó a reflexionar acerca de ¿quiénes son las mujeres que solicitan mi asistencia en consultoría? La mayoría de ellas desean sentirse completas; porque han creído equivocadamente que carecen de "algo". Sin embargo, de acuerdo a mi experiencia profesional puedo afirmar que estas mujeres siempre han estado íntegras. Agradezco a Dios por ser un instrumento que ayuda a que la mujer se admire en una luz brillante de amor y seguridad. De esta manera, la mujer atrevida y exitosa quiere sentirse completa y vivir en equilibrio.[2]

Por ello, las mujeres que requieren de mi asistencia aspiran resolver sus problemas emocionales; ellas se sienten frustradas en sus proyectos, anhelan un trabajo que las satisfaga, tienen dificultad

---

[2] https://lamenteesmaravillosa.com/exito-en-femenino/ 2019.

para comunicarse con las personas importantes en su vida. No se aceptan así mismas. Por lo regular, la mujer posee 'todo': casa, carro, lujos; sin embargo no se sienten satisfechas. Al respecto, me parece relevante mencionar que en algún momento de mi vida, yo, Lucy estuve en la misma situación en donde posiblemente te encuentras tú.

Quiero compartir contigo mi experiencia: Yo tenía a mi cargo una gerencia, 'todo' no obstante, me hacía falta un elemento fundamental en mi vida ¡El deseo de vivir en equilibrio! y tener una relación más estrecha con Dios. En este sentido, yo sugiero que una mujer que pretende ser exitosa, debe ser fuerte, educada, inteligente, elegante y espiritual. El hecho de ser mujer proporciona una amplia capacidad para amar; sobre este tema, resulta interesante saber que Dios creó a la mujer con cualidades y habilidades personales para vivir sana y plena, aunque debido a experiencias traumáticas se limitan sus destrezas. No obstante, cuando ella se reconoce, se transforma en una mariposa que quiere volar. La metamorfosis de la mariposa empieza siendo un gusano y termina transformándose en una hermosa mariposa de bellos colores y un par de alas que la llevan a alcanzar lugares que nunca imaginó ¡Mujer eres única y te distingues por tu esencia!

Superando los obstáculos con éxito

Tal vez, ciertas dificultades de la vida no te han permitido definir a esa mujer nueva que eres hoy. Como se sabe existen aflicciones en el transcurso de nuestra vida, algunas se relacionan con el estado civil: soltera, divorciada, casada o viuda. La soltera pasa varios años de su vida esperando un esposo; la mujer que ha sido lastimada no quiere volver a creer en una persona y decide quedarse sola y enfocarse en otras áreas de su vida (Beauvoir, 1968:

64); las madres solteras tienen que ser padre y madre ¡Sí! existen adversidades para la mujer exitosa; sin embargo, recuerda que al vencerlas tú renaces y alcanzas tus metas, así, abres las puertas de la libertad (Virtue, 2016: 51-52).

Una nueva mujer no necesita buscar la magia en el exterior, la magia ya está dentro de ella. Mujer estás dotada de talentos y virtudes que en su oportunidad, compartes con la intención de inspirar a una mujer joven, estudiante, ama de casa, madre, ejecutiva, lideresa, hermana, amiga, novia, tía, abuela o prima; mujeres atrevidas e ingeniosas, que un día enseñan y todos los días aprenden (León-Portilla, 1998: 14-17).

Con la imagen de la mujer que he definido en el libro *Atrévete a ser una mujer exitosa*, pretendo que te reflejes en ella y cuando te mires al espejo en realidad veas a la mujer atrevida y exitosa que tú ya eres.

¡Te pido que cuestiones todo lo que crees de ti! Realiza una evaluación de tus pensamientos y alcanza los objetivos que anhela tu corazón.

Esencia femenina y su trascendencia al éxito

Una mujer exitosa adquiere diferentes características como parte de su esencia y las aplica en su vida diaria, en la medida de lo posible. Si aún, tus cualidades no se han cristalizado, no te desanimes, todavía tienes la oportunidad de desaprender, aprender y poner en práctica las enseñanzas que expongo en mi libro *Atrévete a ser una mujer exitosa*. Me parece pertinente destacar que culturalmente el papel protagónico de la mujer a través del tiempo ha sido de gran relevancia en la sociedad. Por ello, en esta sección hago referencia a mujeres ejemplares que vivieron en la antigüedad, dejando un legado indeleble y maravilloso que en la actualidad está presente en la esencia de la mujer moderna, es decir, ella es de corazón firme, se entrega y se esfuerza todos los días (León-Portilla, 1998: 14-19).

A continuación se mencionan las principales peculiaridades de una mujer atrevida y exitosa, basadas en versículos bíblicos, asimismo, se ofrecen experiencias personales de la autora, para finalizar se presentan testimonios de mujeres exitosas a quienes he acompañado en su transformación personal y profesional. Espero fervientemente que estas herramientas sean de gran utilidad en tu aprendizaje.

Mujer de Fe

La mujer que mantiene su confianza en Dios y sostiene la esperanza viva de alcanzar sus objetivos, está llena de positividad. Si sientes que tu fe decae, te invito a reflexionar para que actives tu fe en Dios, con su conducción serás una mujer con el éxito deseado. A lo largo del libro pongo énfasis en mi propia experiencia: Yo aprendí a vivir por fe, en momentos de mi vida cuando siento que estoy sola y vacía, a pesar de tenerlo todo; entrego mi vida a Dios y puedo decir que ha sido una sanación para mi alma. Una mujer exitosa vive por fe ¿Cómo puedes activar tu fe? Acercándote más a Dios.[3]

La fe es la certeza de lo que se espera, y por medio de la convicción se percibe lo que no se ve (Hebreos, 11:1).

Ana confía en Dios

Ana era una mujer casada, pero dentro de ella había una insatisfacción, era estéril y pasaba días enteros llorando amargamente

---

[3] Puedes encontrarme en Facebook. Coach Lucy Escobar VIP. Para ingresar al taller Renueva tu Fe. Gratuito.

porque no podía ser madre, hasta que un día hizo un pacto con Dios ¡Oró! y le dijo al Padre, si me das un hijo sería consagrado para Él, así se cumple la promesa y del vientre de Ana nace el profeta Samuel. Tengamos la fe de Ana, aunque no estaba viendo su promesa cumplida la creyó y Dios actuó a su favor ¡Seamos Mujeres de Fe! (1 Samuel, 1).

Mujer independiente y fuerte emocionalmente

Desafortunadamente existen personas que lloran fácilmente por cualquier motivo. Yo era una de ellas, era muy vulnerable, pero los procesos de la vida me enseñaron a ser más fuerte. Las personas emocionalmente independientes saben separar sus sentimientos de los hechos para escapar del ciclo de la negatividad, de esta forma, avanzan hacia una perspectiva nueva y positiva (Simkin, *et al*, 2012-174-193).

En este instante, yo quiero motivarte a que seas más fuerte, te comparto esta reflexión. Dios no nos ha dado un espíritu de cobardía, sino de poder, de amor y de dominio propio (Timoteo, 1:7).

Las emociones negativas opacan nuestra vista, esta es la razón por la que dudas frente al espejo sobre tu auténtica identidad ¡Eres lo que Dios dice de ti!

María la madre de Jesús es un ejemplo de dominio de emociones, desde el principio tuvo que emigrar de un lugar a otro para proteger a su hijo. Imagina las emociones y críticas por salir embarazada; que para aquel tiempo se consideraba una aberración. Ella fue una mujer obediente a Dios ¡Entendió, obedeció y siguió el consejo del Padre! Tengamos dominio propio de nuestras emociones, aprendamos la lección que nos da María. Aunque seamos independientes, todo el tiempo dependemos de Dios.

Mujer exitosa

Aunque, esta mujer sabe que aún tiene que trabajar ciertos aspectos en su vida; esta mujer exitosa se empodera en sus relaciones, primero con Dios, después con ella misma y con otros seres cercanos a ella. Si no tenemos amor en el corazón propio es difícil dar amor. Enseguida ofrezco dos ejemplos de como amar.

Ama a Dios. Maestro ¿Cuál es el gran mandamiento en la ley? Jesús respondió: amarás al Señor, tu Dios con todo tu corazón, con toda tu alma y con toda tu mente (Mateo, 22: 36-40). Este es el primer y gran mandamiento.

Ama a tu prójimo. El segundo mandamiento. Amar a tu prójimo como a ti mismo.

A través del tiempo, y con mi experiencia de comunicar mis conocimientos por medio de la enseñanza emocional y espiritual, he comprendido que el éxito no se obtiene por poseer el bolso Louis Vuitton o conducir el carro del año. El éxito inicia en el momento que decides sentirte bien en tu propia piel y amar a tu prójimo. Cuida tu espíritu, tu alma, tus pensamientos, tu cuerpo y tus relaciones ¡Reclama tu esencia!

La mujer exitosa es aquella que sabe de dónde vienen sus dones y talentos; sus hijos la llaman bienaventurada y su esposo la alaba. Sin embargo, más allá de este reconocimiento, ella admite que estas virtudes son obra de Dios y de ella misma. La historia de una mujer con un comportamiento impropio, nos recuerda que no somos perfectas, que todas las personas en algún momento cometemos errores por lo que no debemos juzgar a los demás.

Mujer afligida

Jesús fue al Monte de Los Olivos y por la mañana volvió al templo. Todo el pueblo vino a verlo; los escribas y los fariseos exhibieron ante Él a una mujer sorprendida en adulterio y dijeron: Maestro, esta mujer ha cometido adulterio. Y Moisés manda apedrear a tales mujeres ¿Tú qué dices? Jesús estaba ocupado e inclinando su cabeza escribía sobre la tierra. Los fariseos insistían en cuestionarlo, entonces, Jesús se enderezó y dijo: El que esté sin pecado que arroje la primera piedra contra ella. Pero ellos, al escuchar las palabras de Jesús; salieron uno a uno, comenzando desde los más viejos hasta los jóvenes. Así, permaneció solo Jesús y la mujer. Cuando Jesús levantó la vista solamente permanecía la mujer y dijo: mujer, ¿dónde están los que te acusaban? ¿Ninguno te condenó? Ella dijo: ninguno, Señor. Entonces Jesús contestó: Ni yo te sanciono; retirate y no infrinjas más la ley (Juan, 7: 53-8:11).

Mujer si has cometido errores, corrígelos; los desaciertos ayudan a aprender y crecer como persona, no te desanimes, motivate a cambiar lo que no está bien en ti para triunfar y ser una mujer exitosa.

¡Eres una mujer muy valiosa!

Mujer empoderada

La relación más importante de tu vida es con Dios, contigo y con los seres que te rodean ¿Cómo puedes activar esa relación contigo? ¡Conócete interiormente!

A continuación comparto una de mis vivencias que me dio la ocasión de conocer mi interior, para brillar en el exterior. Desde niña tuve el sueño de ser una mujer empresaria, emprendedora con gran éxito; al principio el trabajo fue duro, invertí esfuerzo y dedicación para poder lograr mis objetivos; al final tuve el resultado que buscaba, llegué a trabajar para uno de los cinco bancos más importantes del mundo como gerente de sucursal bancaria. Mi horario de trabajo empezaba desde que amanecía hasta el anochecer. Así, persiguiendo mis metas, sentía que estaba realizada en mi vida empresarial, aunque sentía un vacío de cierta forma y entonces entendí que una mujer empoderada no solo se fundamenta en lo que ella representa profesionalmente, sino también en disponer de tiempo de calidad para ella y disfrutar con sus seres queridos.

Una mujer empoderada edifica a otras personas, al mismo tiempo abre la oportunidad de crear buenas relaciones familiares, sociales y profesionales ¡Te exhorto a cultivar nuevas relaciones! Esta acción te ayudará a vivir una vida colmada de éxitos y felicidad, ya que otras personas te impulsarán a obtener la prosperidad que tu corazón desea (Virtue, 2016: 81-82).

Mujer sabia

Esta mujer piensa antes de actuar, se caracteriza por su habilidad mental y emocional, cuida sus pensamientos, sobresale por ser fuerte y tiene una buena autoestima; cree en Dios y en ella misma para alcanzar sus metas; asimismo, se distingue por ser decidida, organizada, esforzada y dedicada. Cuando una mujer se propone lograr un proyecto, no se cansa de perseverar hasta conseguirlo ¡La mujer sabia practica la obediencia! La mujer sabia edifica su casa; mas la necia con sus manos la derriba (Proverbios, 14:1).

Historia de Esther

Esther era una niña judía huérfana, educada por su primo Mardoqueo. Ella llegó a ser reina de Persia, la vida le dió la oportunidad de casarse con un rey. Ella no sabía los problemas que vendrían para su pueblo por el decreto de la muerte para los judíos, ordenado por un hombre del reino llamado Naamán. El decreto ya estaba escrito, la única manera de cambiarlo aparte de la intervención de Dios, era que Esther hablara con su esposo, aunque tenía algo en su contra porque quien pedía hablar con el rey sin ser llamado debía morir según la ley ¿Qué aprendemos de Esther? El primer paso que debes tomar antes de decidir algo es consultarlo con Dios. Ella llamó al pueblo de Israel para que la acompañara a un ayuno colectivo. Esta mujer tuvo sabiduría estratégica y realizó dos banquetes con el rey. Se puede decir que ella fue sabia por pensar que antes de tocar el tema debía preparar el terreno ¡Así fue! luego de preparar el terreno dijo: "...Mi petición y mi demanda es ésta" (Esther, 5: 7).

Seamos sabias, no pensemos solo en el bienestar propio sino en servir de ayuda a los demás (Virtue, 2016: 49-50).

Mujer virtuosa

Una mujer virtuosa es la que decide tener una estilo de vida diferente a otras, dejando un legado con un mensaje positivo a la sociedad con su esencia y su manera de actuar. Ella se distingue por sus cualidades espléndidas: amorosa de Dios, sincera, amable, honesta, fiel, humilde, simpática, ejemplar y humana.

Este día quiero animarte a que determines ser una mujer virtuosa, ya que te ayudará a transformarte en una mujer exitosa. La siguiente cita ilustra a la mujer virtuosa. Busca lana y lino, con voluntad trabaja con tus manos. Así, también, el mercader trae su pan de tierras lejanas. Él se levanta de madrugada y proporciona comida a su familia; asimismo, alimenta a sus ayudantes (Proverbios, 31: 13-15).

Como ya expliqué, el servicio a Dios y al prójimo es un sello único que marca la diferencia entre una mujer que venera y ama a Dios. Una de ellas consagra su vida a Él y la otra vive como si lo eterno de Dios no existiera.

Mujer elegante

Una mujer elegante cuida su cuerpo, viste de manera prudente, se siente preciosa con ella misma y ante los demás, le gusta ser higiénica, cuida su imagen corporal, intelectual y profesional. Busca equilibrio y se presenta pulcramente ante los demás. La mujer elegante se aprecia en todo lugar en donde hace acto de presencia por su forma de vestir, de hablar, actuar y tratar de manera correcta a su prójimo. Su elegancia se fundamenta en su esencia y así ella tiene un sello auténtico y generalmente, aunque su atuendo sea sencillo no pasa desapercibida, porque con frecuencia la gracia de Dios la hace tan especial.

Concerniente al tema de la elegancia, en la Biblia aparece este interesante relato: Una mujer llamada Vasti vivía en Persia, donde se encontraba el rey Asuero, ella se caracterizaba por ser una mujer elegante, la escritura resalta que ella era hermosa. El rey era feliz por la mujer, quería mostrarles a todos su belleza pero, la reina Vasti no obedeció la orden del rey. Los otros reyes quedaron decepcionados por la desobediencia de Vasti, ya que ella era un ejemplo para otras mujeres, esta situación posiblemente provocaría que las mujeres tuvieran en poca estima a sus esposos. La consecuencia llegó de inmediato, el rey preguntó a los otros reyes qué medidas se debían tomar con Vasti; lamentablemente destituyeron a Vasti y eligieron una nueva reina ¿Qué nos enseña Vasti? Que podemos ser hermosas, elegantes y disfrutar de riqueza; y al mismo tiempo tener una relación armónica y respetarse mutuamente.

Desde mi punto de vista, considero que una mujer elegante, amorosa, sociable y espiritual, seguramente vive un matrimonio en armonía y ambos acuerdan cada decisión que se deba tomar (Virtue, 2016: 62-63; revisar Esther 1). Una mujer alcanza la elegancia cuando su belleza física está en sintonía con su corazón y su carácter de mujer virtuosa que posee.

⊙ ¡Practiquemos la elegancia de corazón! ⊙

Mujer prudente

La mujer prudente sabe cuándo hablar y cuándo callar. Ella usa su influencia para ayudar a otras personas gentilmente. En este sentido, no toma ventaja de su prójimo, sino que sirve a sus semejantes y no usa su posición para subestimar a otros. Una mujer prudente no negocia sus valores, mantiene su integridad intacta (si hay algo que agrada a Dios es nuestra rectitud, ser los mismos en público y privado).

Finalizo este apartado con el siguiente pensamiento.

La casa y las riquezas son herencia de los padres; mas de Dios la mujer prudente (Proverbios, 19:14).

Mujer de servicio

Para ilustrar la fascinación del servicio, comparto contigo una de mis vivencias.

Cuando estuve de gerente sucursal bancaria las personas se acercaban a mí; con diligencia yo abría la cuenta bancaria sin ningún problema, jamás hice alarde de mi cargo, al contrario, decía "¡Hola soy Lucy! Bienvenido ¿Cómo te puedo ayudar? ¿Te ofrezco café o agua? ¿Qué necesitas antes de iniciar? Al invitar una taza de café, los clientes preguntaban ¿Y tú porqué eres tan buena gente? Esta pregunta era recurrente en los pasillos de mi oficina. Luego me decían "¡Oye queremos hablar con tu gerente!" porque necesitamos agradecer el servicio al cliente que nos han brindado ¿Qué tal? "Yo soy la gerente", entonces, ellos se quedaban con la boca abierta ¡Seamos servidores! Que no nos respeten por nuestros títulos, sino por las características que nos hacen auténticos.

Considero que todas las personas deberíamos aplicar la filosofía que Jesús enseñó a sus discípulos "...Si alguno quiere ser el primero, será el postrero de todos y el servidor de todos" (Mateo, 9:35).

∽ ¡Nunca dejes de servir con amor a Dios y a la humanidad! ∾

Mujer segura de sí misma

La mujer segura de ninguna manera es perfecta y si comete errores los resuelve; además hace el esfuerzo por mejorar su actitud, así, ella aprende que los errores no determinan su valor, sino su aprendizaje. Si tu autoestima y tu mentalidad de crecimiento están fortalecidas, adquieres seguridad en ti misma. La mentalidad de crecimiento te da la oportunidad de ver los errores con optimismo, para crecer y aprender de ellos.

A continuación, presento un relato de una mujer triunfadora:

Débora la profetisa

En Israel no había un líder para luchar contra Sísara (Capitán del ejército) debido a ello, Débora tomó el mando como juez de Israel; con esta acción Débora demuestra ser una mujer segura de sí misma; ella tuvo el valor de dirigir un liderazgo, el cual incluía caballeros. Débora no lo hizo para satisfacer sus deseos egocéntricos, sino por la fe genuina de ayudar a su pueblo. Resulta importante reconocer que esta mujer atrevida y exitosa, diligentemente apartaba su tiempo para orar y adorar a Dios; ella sabía que solo era un instrumento de Dios y que Él era su guía y fortaleza. Llama la atención, la gran capacidad de decisión de Débora ante una situación complicada; pero sobre todo, destaca el respeto y agradecimiento a la autoridad de Dios (Jueces, 4). "Débora dijo iré contigo; mas no será tuya la gloria de la jornada que emprendes, porque en mano de mujer venderá Jehová a Sísara. Y levantándose Débora, fue con Barac a Cedes" (Jueces, 4 : 9).

¿Qué se deduce de la cita anterior? Que seamos mujeres seguras de nosotras mismas, que con sabiduría, y la llave de la prudencia, tomemos decisiones correctas para enfrentar el futuro que nos espera.

Para enfatizar la seguridad, expongo la valerosa historia de una mujer moderna.

Autoestima de Alondra

Alondra es una mujer que ha tenido baja autoestima. Al hablar con ella, pude ver a una mujer débil, deprimida e insegura. Ella expresó que los comentarios de otras personas la han afectado enormemente, al punto de caer en depresión. Muchos años de su vida se había encontrado en este estado de sufrimiento, hasta que alguna persona le recomendó contactarme, y así poder orientarla. Alondra tenía un gran dolor en su corazón. En su matrimonio padeció el alcoholismo de su esposo, la abusaba emocional y verbalmente. Ella misma se rechazaba creyendo que no tenía nada que aportar a la sociedad o a sus hijos, no se sentía capaz como mujer, se culpaba constantemente y ella no se daba cuenta que vivía con un psicópata.

Más adelante, cuando volví a conversar con ella pude reconocer una mujer fuerte, independiente, con fe en Dios y en ella misma. No obstante, su fe necesitaba fortalecerse, así fue como paulatinamente estuve trabajando con ella. Hoy en día es una mujer amorosa y cercana a Dios. Un día a la semana, Alondra se reúne conmigo en mi consultoría. En una ocasión, comentó: ¡Me han levantado una calumnia! Y no me afectó, porque tú y yo hemos trabajado en mi autoestima, y sé que no soy esa mujer de la que ellos están hablando. Si yo no hubiese conocido quien soy en realidad, entonces mi esencia perdería fuerza. Pero, -continúa Alondra- soy imagen y semejanza del Creador y mi espíritu es fuerte, además, ahora, sé que soy una mujer segura de mí misma y conozco mi identidad en Dios. No tengo que defenderme, ni explicar o convencer las falsedades de otros; ante la actitud negativa, yo decidí ser más firme que ellos y no permitir que pensamientos o comentarios falaces invadan mi mente y mi corazón, al contrario, yo oro por todos aquellos que mienten.

En este caso, en mi función de mentora sostengo que una mujer segura de sí misma posee una fe inquebrantable, que conoce su identidad y determina que su seguridad no viene de la aprobación del mundo exterior. ¡Dios da sabiduría para discernir! Así, definitivamente las palabras de otras personas no influyen en nosotras, ya que una autoestima sana se adquiere con un buen desarrollo de autocontrol. En este sentido, aprendamos de Alondra su dominio sobre sus pensamientos, sentimientos y emociones ¡No dejemos que éstos nos controlen! Mucho menos los comentarios de terceros, ya que de ninguna forma definen tu identidad, la cual se sostiene en Jesucristo.

Mujer astuta

Con una mente ágil y actitud positiva, la mujer astuta busca el mejor modo de conseguir éxito en la vida y lograr los resultados deseados, ella no se lamenta, encuentra soluciones y gana sabiduría. Esta mujer piensa y tiene su vida organizada, ella sabe que el tiempo es oro. El siguiente versículo explica el significado de la astucia, mediante una bella parábola. Tengan en cuenta que yo (Dios) los envío como ovejas en medio de lobos. Así que sean astutos como las serpientes, pero sencillos como las palomas (Mateo, 10: 16).

Mujer humilde

El distintivo principal de una mujer de corazón noble radica en mantener su sencillez y humildad ante la sociedad, porque a pesar de ser exitosa, no humilla a los demás. Referente a la acepción de este vocablo, te explico mi propia experiencia: yo tenía un concepto erróneo de la palabra humilde y pensaba que una persona humilde era aquella que permitía agresiones, abusos y decía: "yo no soy humilde" ¿Qué es esto de la humildad?

Quiero decir que antes de conocer a Dios, yo no tenía una consciencia real del significado de una persona humilde incluso, llegó a molestarme esa palabra, a tal punto que me generó un conflicto interno y me cuestionaba ¿Porqué me molesta esta palabra? Hasta que descubrí que ser humilde, se refiere a no ser egocéntrica, es decir, no solamente mirarme a mí y para mí. Ser humilde manifiesta abrir mis brazos y recursos y así, contribuir a servir a todos; después, exclamé ¡Oh, ahora sí me gusta esta palabra! ¿Por qué interpretaba la humildad como una forma de abuso? Simplemente, porque desconocía la palabra; actualmente, yo trabajo arduamente en ella y es mi mejor palabra en el diccionario. En este momento, aprecio ser una mujer humilde y no hablo de mí con presunción ni alarde, porque, aquí lo valioso consiste en que mis acciones, valores, características personales y legado, deben ser estimados por la sociedad ¡Principalmente, yo debo servir a Dios y servir a las mujeres! Sincera y amorosamente, este libro es un servicio para todas las mujeres del mundo.

¡Deseo que encuentres esa humildad en ti! Y con amor te digo que espero que este logro sea de mucha bendición para tu vida. Los siguientes Salmos engrandecen la humildad, como un acto venerable.

Dios es excelso, y atiende al humilde pero, al altivo lo aleja (Salmos, 138 :6).

Yo pido que aprendan de mí, yo soy apacible y humilde de corazón; encontrarán descanso para sus almas. Mi sujeción es fácil y mi carga ligera (Mateo, 11: 29-30).

Mujer sincera

Cuando la mujer dice la verdad, mantiene su palabra y tiene responsabilidad en su actitud, se considera sincera. En la actualidad, un gran número de mujeres actúan con mucha hipocresía y este gesto les impide obtener éxito. Por otra parte, la mujer sincera tiene aceptación en cualquier tiempo y espacio, así, ella abre grandes y diversas oportunidades para alcanzar sus metas. Ser una mujer sincera se aprecia como un valor que pocas mujeres tienen; hoy te motivo para que pongas en práctica este valor esencial en tu vida diaria ¡Te llevará al éxito! A Dios le agradan las mujeres sinceras; por esta razón, no debes actuar con doble ánimo; la mujer firme es cuidadosa en lo que expresa verbalmente ¡Hablemos la verdad! La sinceridad nos enseña a saber decir sí y saber decir no a tiempo. Decir la verdad es de suma importancia, sin embargo, no debe ser un obstáculo para poner límites en nosotras mismas.

¿Cuántas veces hacemos una cita para nosotras, ya sea para estudiar la Biblia, cortarnos el cabello, leer un libro o descansar? Llega alguien más y dice "necesito que me hagas esto" y lo primero que se pierde es el tiempo que habíamos asignado para nosotras ¿Te ha sucedido? Generalmente nosotras dedicamos mucho tiempo a los demás, se nos olvida el amor propio, dejamos de consentirnos, amarnos y cuidarnos. En el tiempo dedicado a la familia, nos encargamos de los quehaceres del hogar y el trabajo. No ponemos atención en arreglarnos las uñas, hacernos un *skin care* y menos, ver la película que amamos, en fin llegamos a una etapa de olvidarnos de nosotras.

Hábitos de una mujer exitosa

Fortalecer su espiritualidad. La Escritura es inspirada por Dios, y útil para enseñar, para redargüir, para corregir y para instruir en justicia (Timoteo, 3: 16).

Orar. Cuando tú ores, entra en tu aposento, y cierra la puerta; así, tú oras a tu Padre en secreto; y Él te recompensará en público (Mateo, 6: 6).

Realiza la gratitud. Da gracias por todo, porque esta es la voluntad de Dios para ustedes en Cristo Jesús (Tesalonicenses, 5: 18).

Despierta temprano. El hombre se levanta de madrugada y proporciona comida a su familia, asimismo, él alimenta a sus criadas (Proverbios, 31:15).

Toma tiempo para reflexionar. Yo he sabido que lo mejor es vivir en alegría, y hacer el bien en su vida (Eclesiastés, 3: 12).

Ser proactiva. Debes esforzarte y ser valiente; no temas ni desmayes, porque tu Dios estará contigo siempre y en cualquier lugar (Josué, 1: 9).

Sé puntual. Quien se esfuerza y llega a tiempo a sus actividades, gozará de grandes beneficios personales y laborales (Proverbios, 22: 29).

Planifica tus objetivos y acciona. La visión se realizará en el tiempo señalado; marcha hacia su cumplimiento, y no dejará de cumplirse. Aunque parezca tardar, espera; porque sin falta vendrá (Habacuc, 2: 2-3).

Sé responsable de tus decisiones y acciones. Toda persona comparecerá ante Dios, así, cada uno será recompensado por la calidad de sus acciones, de acuerdo con su comportamiento, sea bueno o sea malo (2 de Corintios, 5: 10).

Actividad personal

A partir de este momento, es muy importante que utilices los siguientes espacios para llevar a cabo los ejercicios que te proporciona el libro *Atrévete a ser una mujer exitosa*, aquí escribirás todo lo que es conveniente accionar para ser una mujer exitosa. Esta tarea te ayudará a descubrir cuáles son tus cualidades de mujer exitosa y cuáles son las debilidades que debes fortalecer en tu vida para sacar el máximo potencial que tienes para llegar a ser esa mujer exitosa con sus talentos y dones.

Los siguientes tres pasos te ayudarán a cristalizar las características que necesitas traer a la luz, con la finalidad de hacer los cambios indispensables en tu vida y así, obtener el éxito anhelado en tu corazón. Mujer exitosa recuerda, un plan sin acción no concede transformación ¡Acciona!

En este sentido, propongo las siguientes técnicas de trabajo.

Identificar las fortalezas y debilidades.

Fortalezas. Este paso, te lleva a reconocer las peculiaridades de mujer exitosa que tú ya posees ¡Anteriormente las leíste! Ahora debes identificarlas en ti.

Celebremos tu esencia de mujer, tus habilidades, tu ser interior, los dones y talentos que Dios te ha dado y ante todo, la fortaleza con la cual has enfrentado la vida para ser bendición de otras mujeres. Cuando superas las debilidades, debes elogiarte porque puedes conocer y reconocer en ti a una mujer atrevida y exitosa. En ocasiones no hablamos positivamente de nosotras mismas; ahora que has aceptado en ti esas bellas virtudes; te deseo dicha y felicidad. Escribe tres fortalezas.

Debilidades. Aquí, escribirás tus debilidades y a partir de hoy empezarás a trabajar para convertirlas en fortalezas. Iniciarás primero con una, debes escoger cuál será, porque al querer trabajar muchas áreas a la vez, te traerá desgaste y terminarás cansada en lugar de victoriosa. Este libro pretende primordialmente, que tú superes la frustración, con la finalidad de que alcances tus objetivos. Tú puedes triunfar si tienes fe, disciplina y amor; así realizarás el cambio en ti ¡tu devenir está dentro de ti!

Revisa las cualidades de una mujer exitosa y evalúa las tuyas. Escribe tres características que tú posees.

1.

2.

3.

Planificar. Laura aprendió a planear sus tareas.

Laura quería ir a hacer ejercicio, al trabajo, terminar su universidad, e ir con sus amigas de paseo, hacer todo a la vez; por supuesto, no concretaba ninguna actividad. Mejor hacer una cosa bien hecha que intentar varias, y no terminarlas. ¿Qué le ocurría a Laura y cuál era la solución? Ella debía planificar y definir prioridades.

Como mentora sugiero que programes tu día. Escribe una lista de las actividades que llevarás a cabo ¡Acciona en ellas! Laura no sabía organizar sus proyectos, y no obtenía resultados, sin embargo, con mi asistencia de mentora, ella aprendió el arte de la organización.

Selecciona tres características que te beneficiarán y ayudarán a encontrar el éxito en tu vida. Junto a cada una de tus cualidades, identifica dos pasos que debes dar para mejorar o fortalecer dicha característica. Sigue el ejemplo.

Característica	Plan de acción
Ejemplo: Mujer de Fe	Buscar en Facebook a *Coach* Lucy Escobar VIP para participar en el taller Renueva tu Fe semanal. Sin costo. Leer un versículo por día y meditarlo.

∽ ¡Conócete a ti misma! ∾

Accionar. Como ya se mencionó antes, un plan sin acción no tiene resultados positivos. Tu motivación, es indispensable y fundamental para que el cambio suceda. Convenientemente debes manifestar tus pensamientos, emociones, apariencia y actitudes, las cuales van a transformar tu vida.

Mi objetivo como mentora en desarrollo humano consiste en que tú aprendas a usar el intelecto para lograr tu meta y seguir adelante.
Escribe una declaración, la cual será tu compromiso personal para ser una mujer exitosa.

Oración

Padre ayúdame a ser una mujer, virtuosa, humilde, de fe, inteligente, prudente, sincera, firme, segura de sí misma, enséñame a ser elegante desde mi vestir hasta al hablar, que me otorgues sabiduría para enfrentar los retos en mi vida y que pueda perdonar a todos los que me ofendieron y así alcanzaré tu perdón.

Gracias por regalarme un día más de vida que es una completa bendición, confío plenamente que con tu ayuda seré una mujer transformada por tu gracia ese favor inmerecido que diariamente nos alcanza, que tú me fortalecerás en mis debilidades para que tu nombre sea glorificado.

En el nombre de Jesús.

Amén.

Capítulo II

Mujer ¡Sana tu autoestima, vence el miedo y triunfa!

Al iniciar este capítulo, quiero destacar algunos elementos del anterior. Así, es pertinente recordar que la mujer alcanza su meta cuando aprende, y pone en práctica las cualidades y virtudes de su esencia femenina, las cuales transforman su propia identidad en una mujer completa. En la actualidad se observa que un gran número de mujeres no viven con un propósito o plan de vida; esto se debe principalmente a los miedos y una baja autoestima que se ha adquirido a través del tiempo y de las experiencias. Como he señalado en el primer capítulo de *Atrévete a ser una mujer exitosa*, sentir temor o culpa por fallar en algún aspecto de la vida, es útil como aprendizaje para evolucionar y sanar el dolor emocional.

En este apartado, mi objetivo principal como mentora consiste en que la mujer logre transformar sus emociones negativas por sentimientos de afecto, y que ella identifique los aspectos de autoestima, con la finalidad de fortalecer su imagen interior y exterior. Para ello, te proporciono las herramientas basadas en mi método de consultoría, aplicando la siguiente estrategia de trabajo; situación, visión, plan de acción y resultados. Al finalizar la lectura de este apartado, pretendo que descubras la capacidad de vencer el miedo y triunfar. Ahora bien, el temor detiene y lleva al fracaso; sin embargo, la valentía, la determinación, el crecimiento espiritual y la autoestima saludable son herramientas esenciales que ayudan a crear empoderamiento femenino hacia el éxito.

La autoestima

¿Qué es la autoestima?
La autoestima proviene del vocablo griego:
Auto: per se (por sí mismo)
Aestima: valorar

La autoestima es la percepción y la tendencia de comportamiento hacia la forma de ser. La autoestima engloba todos los aspectos de la vida, por tanto, el desarrollo de la apreciación del valor de nuestra persona es esencial y saludable en la vida (Borrego y Requena, 2004, citado por IniestaMartínez).

¡No te quedes atrapada en el pasado sana tu autoestima!

Tipos de autoestima

La psicología moderna identifica diferentes tipos de autoestima. Esto no implica que nos identificamos con un solo tipo de autoestima; ya que en ocasiones nos sentimos más aceptadas, queridas o depresivas, lo cual suele suceder de acuerdo a los acontecimientos de nuestra vida (Matud, M., 2004, 129-140).

Reflexión sobre los tipos de autoestima

Autoestima alta. Saludable:
Se define como el sentimiento de valoración y aceptación que nos proporciona fortaleza, seguridad, empoderamiento, emprendimiento y relaciones saludables.

Autoestima baja:
Se considera como la falta de aceptación de la persona de sí misma.

Autoestima muy alta:
Puntualiza la valoración y evaluación que nos damos a nosotros mismos, y que otras personas lo perciben como una fortaleza. Esta autoestima nos hace sentir superiores a los demás; y afecta las relaciones con otras personas.

Autoestima muy baja:
Este tipo de autoestima limita las capacidades. Las personas son muy vulnerables, lloran con facilidad y eso debilita sus pensamientos, valores y su esencia, a tal punto que se debe buscar ayuda profesional, ya que puede llegar a una depresión grave.

Autoestima insegura:
Se describe como aquella autoestima que varía en la personalidad del individuo. Estas personas tienen una visión y pensamientos falsos de ellas mismas que les impide ver la realidad, situación que conlleva a una baja autoestima. La manera de pensar acerca de tu persona y de la forma en que afrontas la adversidad en tu vida impactan tu autoestima. Por ello, analiza tus relaciones, ansiedad, tristeza, desánimo, culpa, miedos, frustración y sentimiento de inferioridad. Todas las personas son capaces de desarrollar una autoestima saludable y positiva. Busca ayuda de un profesional para que te guíe y vivas tu propósito que Dios tiene para ti.[4]

[4] https://psicologiaymente.com/psicologia/tipos-de-autoestima. (Consultado 10/07/2021).

Características positivas y negativas de la autoestima

Características positivas de la autoestima

Las personas con una autoestima saludable presentan las siguientes características:

- Creen con firmeza en sus valores, en sus principios y expresan sus opiniones.
- Reflexionan en su carácter e identifican las áreas que deben cambiar en su vida.
- Confían en sí mismas para resolver problemas.
- Reconocen en sí mismas sentimientos positivos y negativos.
- Tienen relaciones sanas.
- Se perdonan y aprenden de las situaciones complicadas.

Características negativas de la autoestima

Las personas que carecen de autoestima tienden a manifestar algunos de estos comportamientos:

- Autocriticarse.
- Vulnerabilidad a la crítica.
- Falta de toma de decisiones.
- Dificultad para poner límites.
- Actitud victimaria.
- Impaciencia.
- Estrés.
- Dificultad para concentrarse.
- Miedo a nuevos retos o al cambio.
- Pierden el interés de vivir.
- Sentimientos de inferioridad.

Elementos fundamentales en la autoestima sana

La escala de autoestima identifica el crecimiento y el desarrollo en donde la persona comunica la aceptación de su persona, esto representa el punto máximo de aceptación y digno de un ser humano (Burns, 1993 :4-329). A continuación se definen dichos elementos.

Autoestima. La capacidad de amarte y aceptarte.
Autoconocimiento.[5] El proceso de reflexión por el cual la persona adquiere entendimiento de sus necesidades, habilidades, potencial, debilidades, cómo actúa, por qué actúa y qué siente.
Autoaceptación.[6] Se define como la capacidad que tiene un ser humano para aceptar su físico, su intelecto y su escala social; así como la responsabilidad de su comportamiento consigo mismo y con los demás.
Autovaloración.[7] Refleja la capacidad de evaluar y valorar tus habilidades, capacidades y reconocer las áreas de oportunidad sin sentirte inferior. Así como considerar aquellas cualidades que te hagan sentir orgullosa.
Autorespeto.[8] Expresa y maneja en forma conveniente sentimientos y emociones, sin hacerse daño ni culparse. El autorrespeto denota el sentimiento de sentirse merecedor de la felicidad; en este sentido, debes tratarte de la mejor manera y no permitir que otros abusen de ti.

---

[5] https://www.redalyc.org/journal/3230/323053420014/ (Consulado 10/07/2021).

[6] https://www.upc.edu.pe/servicios/orientacion-psicopedagogica/documentos/guia-la-autoaceptacion.pdf (Consultado 10/07/2021).

[7] https://www.redalyc.org/articulo.oa?id=180019846003 (Consultado 10/07/2021).

[8] https://www.redalyc.org/articulo.oa?id=439642480015 (Consultado 10/07/2021).

> **Autosuperación.**[9]
> Cuando una persona se conoce interior y exteriormente es consciente de sus áreas de crecimiento; crea su propia escala de valores; también desarrolla y fortalece sus capacidades y potencialidades; se acepta, se respeta y siempre está en constante superación; de esta forma la persona adquiere la capacidad de resolver problemas cotidianos y suma logros diarios.

Ahora bien, se puede decir que la autoeficacia y autodignidad son los pilares de la autoestima; la falta de alguno de ellos afecta enormemente la autoestima.

Nadie puede hacerte sentir inferior sin tu consentimiento

Eleanor Roosevelt

Herramientas para mejorar la autoestima

¿Cómo mejorar la autoestima?

Las personas con una autoestima saludable generalmente realizan sus sueños, vencen los miedos y se sienten positivas en sí mismas. En este sentido, como mentora especialista en desarrollo humano sugiero reflexionar sobre tu autoestima e identificar cuáles áreas necesitan tu atención; recuerda que es conveniente

---

[9] https://rinconpsicologia.com/consejos-de-autosuperacion-arruinarte-la-vida/ (Consultado 10/07/2021).

pedir ayuda profesional si tu autoestima es baja. Tú mereces la vida que anhela tu corazón.

Destrezas para mejorar tu autoestima:

♡ Sé responsable de tu vida (no culpes a nadie).
♡ Diseña tu vida (forja metas).
♡ Organiza tu agenda (Sal a divertirte).
♡ No dejes que pensamientos negativos se. apoderen de ti.
♡ Intenta mantener una buena relación con otros.
♡ Aléjate de las personas que no te valoran.
♡ Reconoce y valora lo que tú mereces.
♡ Identifica tus áreas de crecimiento.
♡ Aprender a analizar los errores, es una forma de adquirir experiencia.
♡ Sé tú. No trates de esconder o disfrazar tus sentimientos.
♡ Utiliza siempre respuestas positivas para hacer notas o hablar de tu persona.
♡ No te compares con nadie.
♡ Sé cariñosa contigo misma, siempre.
♡ Duerme lo suficiente.
♡ Activa tu cuerpo por 30 minutos diarios.
♡ Perdónate y perdona.
♡ No permitas que la envidia y los celos se apoderen de tu vida.

Sé fiel a lo que existe dentro de ti

André Gide

Mujer ¡Vence el miedo y triunfa!

Factores para vencer el miedo y triunfar en la vida

Quiero iniciar este apartado con una célebre frase de Eleanor Roosevelt: "Ganamos fuerza, coraje y confianza por cada experiencia en la que realmente nos paramos a mirar al miedo a la cara. Debemos hacer lo que creemos que no podemos".

El miedo es un vocablo que proviene del latín *metus*, y según el diccionario de la Lengua Española (RAE), esta palabra se define como recelo o aprensión de que le suceda algo contrario a lo que desea; de esta manera, el miedo crea una sensación de inseguridad que provoca alerta.[10] Según la psicología de la emoción, el miedo se clasifica dentro de las emociones negativas, y en ciertas ocasiones ayuda a evitar el peligro.[11] Los investigadores opinan que el componente patológico son los trastornos por ansiedad, los cuales se asocian con una reacción de miedo desmedida e inapropiada. En este sentido, se confirma que el miedo produce mayor cantidad de trastornos mentales, conductuales, emocionales y psicosomáticos. Los cuales deben ser atendidos por médicos especialistas (Chóliz, 2001: 1-15).

De acuerdo a diversos estudios sobre desarrollo humano, la mayoría de las personas tienen miedo en algún momento de su vida. No obstante, siempre se tiene una clase de fe y confianza que ayuda a controlarlo (Custer, 1992: 234).

Relativo a este tema, como he manifestado en el primer capítulo, la espiritualidad coexiste como un principio valioso de sanación. Se ha comprobado que con las prácticas de oración y meditación, se alcanza el restablecimiento emocional, incluso en casos

---

[10] https://dle.rae.es/ Versión electrónica 23.4 del «Diccionario de la lengua española», obra lexicográfica académica por excelencia.

[11] https://www.redalyc.org/articulo.oa?id=441542974008 (Consultado 10/04/2021).

complicados (Virtue, 2016: 94-95). La espiritualidad no significa vivir en soledad, lejos de la sociedad; sino que simboliza sembrar las semillas de amor en los corazones de las personas y alentar el florecimiento de la paz y del amor divino en la humanidad (Cultura y Espiritualidad, 2006: 149-150).

Al respecto, una práctica espiritual que yo sugiero para eliminar el miedo radica en que deposites tu fe y esperanza en Dios (Salmos 56:3).

En los siguientes apartados de este capítulo, se analizan diversos tipos de miedos; si te identificas con uno o más de ellos; se trabajará con la metodología correspondiente que yo proponga para examinar y resolver cada situación y de esta forma conseguir un resultado eficaz que te oriente a diseñar un plan de vida saludable con grandes expectativas.

Análisis del miedo

¿Cuáles son los tipos de miedo?

Miedo a envejecer

Durante una larga trayectoria como mentora, he observado que algunas mujeres se juzgan a sí mismas por su edad. Ellas creen que al llegar a los 40 años no pueden alcanzar el éxito. De esta forma, se autodestruyen (Hay, 1999: 71-76).

Las mujeres se sienten solas, inadecuadas y poseen una autoestima baja que las puede llevar a una gran depresión. Desde mi punto de vista, la solución de mayor importancia para no sentir temor a envejecer se basa en aprender a amarte a ti misma a cualquier edad (Hay, 1999: 110-130). Mujer, hoy yo te propongo ser positiva, firme y valiente.

Miedo al fracaso

Concerniente al fracaso, considero que éste forma parte de la vida porque es una lección de aprendizaje y de crecimiento (Maxwell, 1976: 17-18). Al respecto, se sugiere la asistencia de mentores que hayan experimentado el éxito, ya que de esta forma desarrollarás tus habilidades que abrirán nuevos caminos hacia el éxito (Okawa, 1989: 33).

Para concluir este apartado, presento el ejemplo de un hombre brillante: el científico estadounidense, Thomas Alva Edison inventor de la bombilla eléctrica en 1880, él realizó estudios sobresalientes acerca de la luz eléctrica ¿Cuántas veces intentó? más de mil veces. Imagina, si él se hubiese rendido, no habría avances en la ciencia. Así, Alva Edison permanece en las páginas de la historia como un hombre ilustre (BBC, 2018).

Miedo a no confiar en ti misma

Cuando decidí escribir este libro, una de mis primeras excusas fue decir, no soy escritora, no siento la capacidad para redactar un texto. No obstante me pregunté ¿Qué puedo hacer? De inmediato encontré la solución, buscaré personas cercanas a mí que colaboren en mi proyecto. En una situación de sentirse o estar incapacitada para realizar alguna tarea, te recomiendo que formes un grupo de colaboradores (Okawa, 1981: 37-40).

¡Busca alianzas! Este tema se abordará en el capítulo VI, intitulado: La acción femenina en el liderazgo.

Miedo a emprender

Un gran número de personas tiene miedo a emprender debido a la inseguridad, temen al fracaso y al cambio de rutina. En algunas circunstancias, la carencia de recursos económicos y el desconocimiento sobre actividades de negocios y comerciales son las causas principales que originan miedo, e impiden emprender. En este contexto, te sugiero que investigues cuáles componentes empresariales necesitas reforzar y estudiar; asimismo debes cristalizar tu idea de negocio e investigar el mercado empresarial para estar preparada, y así puedas abrir tus alas a esta bella jornada de emprendimiento.

Descarga esta herramienta, es una guía que te dará los elementos para prepararte como una brillante emprendedora. www.LucyEscobar.com/ruedaempresarial

¡Tú mereces el éxito! Todo propósito inicia por una idea; sin embargo, si esta visión no se planifica, no se acciona, entonces no se cristaliza.

Miedo a hablar en público

En mi trayectoria como mentora aprecio que el arte de comunicar ideas en público es esencial en la vida personal y empresarial. El poder de la comunicación favorece el desarrollo en tu carrera profesional y empresarial, además, se considera un medio bastante efectivo para establecer alianzas.

El distintivo de un buen comunicador se fundamenta en la confianza como un experto en el tema que va a exponer. Te propongo algunas recomendaciones. Primero, organiza tus ideas, practica tu discurso el tiempo necesario, visualiza el éxito y enfoca tu discurso en el conocimiento y en el dominio del tema.

Miedo a las Cámaras

Las estrategias de comunicación son de gran utilidad en la actividad de los comunicadores. Concerniente a este tema, expongo el caso de una comunicadora social que tiene talento para hablar, pero, las cámaras no son de su agrado. La primera vez que Erika enfrentó el miedo a las cámaras, fue precisamente hablando del miedo en un video en Instagram, titulado: "No temas", este evento fue un reto para ella, ya que su discurso fue ante mujeres que estaban desafiando sus miedos personales. En su conferencia, Erika resaltó que Dios está con nosotros los 365 días del año; y señaló que no es casualidad que en la biblia aparece 365 veces la frase: "No temas". Erika enfrentó el miedo en varias ocasiones, hasta vencerlo y así logró su objetivo. Actualmente, las redes de comunicación cautivan a un público extraordinario; por ello, se buscan rostros, quieren ver las caras detrás de una marca personal, o una red social. Cuando no ven la imagen de las comunicadoras, se genera una división entre el público y ellas.

Te recomiendo que utilices los medios materiales y emocionales que tengas a tu alcance; de esta manera, lograrás vencer el miedo ante las cámaras, con seguridad y decisión. Para esta tarea, sin duda, la asistencia de una mentora especialista y honesta, te guiará y asistirá con críticas constructivas en el avance de tu aprendizaje. Te reto que grabes tu primer video y me etiquetes con el hashtag #LucyLoLogré

Miedo al rechazo

El pensamiento destructivo sobre una misma, se forma como resultado de críticas de otras personas; genera desconfianza, y lamentablemente el estado emocional va dependiendo de otras personas. La persona que siente miedo al rechazo, no manifiesta su opinión. Siempre espera la aprobación o el reconocimiento de los demás; incluso, otorga a otros un mayor poder sobre sus propias decisiones.

Como mentora te sugiero que pongas en práctica una técnica efectiva; no prestes importancia a comentarios desagradables hacia tu persona y no te adjudiques cuestiones que no te corresponden. Aprovecha el tiempo para conocer más de ti, aprende algún arte, un idioma nuevo, en fin crece día a día (Maxwell, 1970: 26).

Miedo a los límites

Como mentora pienso que los límites son saludables en toda relación. Cuando una persona quiere ser aceptada y reconocida al instante, no está poniendo límites en su vida y se debe a una falta de valoración de sí misma, es decir a una baja o nula autoestima.

Recuerdo que a mi consultoría llegó un caballero llamado Rogelio que tenía miedo a poner límites a su ex-esposa, luego de muchos años de divorcio. Esta mujer pedía ciertas cantidades de dinero, y él no sabía cómo decir ¡No! Este señor acudió a mí con un conocimiento erróneo sobre los límites, ya que él pensaba que si le negaba el dinero a ella sería calificado como una mala persona. En nuestras consultas descubrimos que la familia de Rogelio tenía carencias económicas; su mamá siempre se quejaba diciendo "las personas que tienen dinero y no prestan o no dan teniendo, son malas". Sin embargo, yo sostengo que esta idea es falsa.

Resulta interesante, porque encontramos que él llevaba ideas equivocadas. Actualmente, Rogelio vive libre de prejuicios y con límites saludables.

¿Qué creencias limitantes te impiden poner límites?

Miedo al cambio

Por supuesto que los cambios de vida generan temor; no se puede predecir el resultado de un proyecto cuando se inicia. Sin embargo, se debe accionar; porque el miedo al cambio imposibilita el crecimiento personal, laboral y social. Este tipo de miedo se caracteriza por la baja autoestima porque al sentir inseguridad e incapacidad, no se aceptan los cambios que se presentan en el transcurso de la vida.

Recapacita en las siguientes preguntas:

¿Qué genera tu inseguridad?
¿Cuál sería la solución?
¿Conoces tus capacidades?

Miedo a estar solo

La soledad denota un sentimiento de insatisfacción, ciertas personas que viven solas se deprimen y no tienen relaciones estrechas. No obstante, la soledad nos enseña a ser autosuficientes y a conocernos.

Referente a mi saber como mentora, yo he conocido un extenso número de personas que no pueden estar solas porque creen que no son amadas; por tal motivo su autoestima baja considerablemente, originando una depresión grave. También por miedo a la soledad algunas mujeres tienen relación con personas problemáticas generando inseguridad e inestabilidad emocional.

Por otro lado la soledad permite:

♡ Renovar tu espíritu.
♡ Conectarte contigo misma.
♡ Realizar actividades de tu agrado.
♡ Ser más productiva.
♡ Conocerte mejor, y disfrutar tu compañía.
♡ Ser una mujer independiente.
♡ Ser feliz.
♡ Darte la oportunidad de sanar tu mente.
♡ Ahorrar dinero.

Miedo a perder el control

El miedo a perder el control proviene de eventos traumáticos que ocurrieron durante una etapa de vida, provocando inseguridad, inestabilidad, inferioridad y vulnerabilidad (Custer, 1992: 239-240).

Si, tú padeces de una situación que afectó tu vida, y actualmente tienes dificultad para entablar relaciones de cualquier índole; en mi servicio de mentora, te brindo mi apoyo, con la intención de resolver la afección y recuperar la estabilidad emocional.

A lo largo de este capítulo se han examinado diversas clases de miedos; al mismo tiempo he proporcionado distintas técnicas de control emocional, entre ellas destacan las mentorías, en donde te asesora una mentora, mentor o un psicólogo; las prácticas espirituales, la actividad física y las enseñanzas pedagógicas. Así, estas herramientas desarrollan la habilidad de controlar tus emociones, para ser una mujer segura de ti misma y ser una triunfadora en la vida.

¿Qué consecuencias trae el miedo?

Como se ha señalado en párrafos anteriores, las personas que viven con miedo sufren severas consecuencias que dificultan llegar a la meta y por supuesto al éxito. Posiblemente, te reflejes en alguna de ellas.

- ♡ Te impide lograr tus sueños.
- ♡ Expresar tus sentimientos.
- ♡ No obtienes nuevas oportunidades.
- ♡ Detienes tu crecimiento profesional y emocional.
- ♡ Te conviertes en una persona cobarde.
- ♡ Te atrapa el perfeccionismo.
- ♡ Te aprisiona el pesimismo.

♡ Detiene tu propósito de vida.

♡ Limita tus relaciones con los demás.

♡ Vives una vida llena de estrés e inseguridad.

♡ Surgen enfermedades nerviosas provocadas por insomnio.

Probablemente, la mayoría de las personas hemos sufrido una o varias formas de miedo. Yo también padecí miedo como tú. Aquí comparto mi caso.

¿Cuál fue el miedo más grande para mí?

Como he comentado con antelación, yo dediqué 20 años de mi vida a trabajar en la industria bancaria como gerente de sucursal. Desde pequeña soñaba estar en el ambiente empresarial y trabajar en la industria de las finanzas, para mí fue un sueño hecho realidad. No obstante, el miedo más grande que sentí y que orgullosamente vencí, fue el miedo a emprender. El sentimiento de calificarme como inadecuada e incapaz para lograr mis objetivos me motivó a expulsar ese miedo de mi vida. Entonces, trabajé en mí para obtener una mejor calidad de vida, mejorar mi economía, confiar en mí, cultivar mi relación con Dios y con mis seres queridos. Un anhelo de gran relevancia surgió en mi ser, ¡Dar un legado de crecimiento y transformación a la sociedad! Todas estas inquietudes me impulsaron a vencer el miedo a ser una emprendedora entusiasta y creativa ¡Cuando encuentras un fundamento verdadero, el miedo desaparece! El miedo se vence con la ayuda de una mentora, un *coach* o psicólogo; *verbi gratia*, cuando empecé a leer libros de superación y emprendimiento, contraté un *coach* que con la aplicación de su método de enseñanza y entrenamiento de asistencia y guía me ayudara a eliminar mi miedo. Me acerqué a mentores que me asistieron y con palabras de motivación y retos me impulsaron a creer en mí. Finalmente, me preparé económicamente y con una gran seguridad decidí confiar en mis capacidades, para ser una mujer emprendedora y exitosa.

¿Cómo podemos vencer el miedo?

¡Ten Fe! ¡Cree en ti! ¡Pide ayuda! De esta forma, aprenderás a elegir y cambiar tu estilo de vida.

Las mujeres enfrentamos miedos, que sin darnos cuenta favorecen la superación personal para ser mejores personas y esta distinción influye en la transformación de vida de otras mujeres exitosas.

Actividad personal:
Visita mi página gratuita en:
www.LucyEscobar.com/testdeautoestima
y realiza un examen de autoestima.

Actividad personal:

Ejercicio para vencer el miedo.
Contesta el siguiente cuestionario.

Identifica tu miedo.
¿Cuál es el miedo que no me deja avanzar?

Conoce tu miedo.
Realiza una investigación de tu miedo, no puedes temer a algo que no conoces. Sé que quizás este paso será el más difícil pero es necesario, ya que si aprendes todo lo relativo a tu miedo, te dará la oportunidad de contrarrestarlo, o hacerlo tu aliado.

Usa tu imaginación.

Si utilizas tu imaginación positiva, puede ser de gran ayuda. Es conveniente, no enfocarte en lo negativo de tu miedo, lo cual es muy fácil. Debes poner tu atención en lo positivo. Planifica un espacio en tu día y cuando estés relajada; respira y visualizate experimentando tu miedo positivamente.

Si tu miedo está enfocado en extraviarte busca asistencia, encontrarás a una persona que te guíe a la dirección correcta y llegarás a tu propósito. La paz que te da la experiencia de vencer tu miedo en tu mente, te ayudará en la vida real en el momento que lo enfrentes.

Escribe a tu miedo.

Redacta una carta a tu miedo, dejando fluir tus emociones y tus pensamientos más profundos; escribe tus acciones. Finalmente, escribe al futuro, porque es cuando te visualizas venciendo el miedo.

¿Y tú en cuál de los miedos descubriste tu valentía?

Mónica Andalón

Capítulo III

La imagen de una dama y el lenguaje del éxito

La elegancia no es solo belleza, es también la forma de pensar, la forma de moverse

Carolina Herrera

La imagen de una mujer exitosa se fundamenta en su identidad y personalidad. Los rasgos característicos que distinguen a una dama son: actitud, habilidad, carácter, modales y temperamento; los cuales le permiten ser única e individual. Además, la forma de vestir, la higiene personal, la ropa planchada, el aroma, cabello estilizado, manicura, maquillaje agradable, accesorios, tono de voz, gestos y modales apropiados conforman su esencia femenina.

Por ello, en este capítulo te ofrezco las herramientas para adquirir una imagen de éxito y una adecuada expresión en la comunicación. En la actualidad las mujeres deben cuidar su imagen personal y su manera de expresarse, con la finalidad de obtener nuevas oportunidades y así destacar en el ámbito laboral, profesional y personal.

Al respecto, recuerdo una conversación con una amiga que compartió una frase muy conocida que me causó cierta impresión: 'así como te ven, te tratan'. En este sentido, según estudios psicológicos en siete segundos se conoce la personalidad e impresiones de un ser humano, posiblemente éstas sean imborrables de la memoria.

El lenguaje del éxito

Como mentora al hablar de imagen personal, también propongo cuidar los aspectos importantes del lenguaje verbal y no verbal; por ejemplo, la imagen exterior (apariencia física). El tono y modulación de voz (lenguaje verbal), los gestos (lenguaje no verbal) y el vestuario (indumentaria y accesorios).[12]

Sobre este tema el profesor Albert Mehrabian confirma que para tener una comunicación efectiva son necesarios tres elementos; visuales, vocales y verbales. En mi opinión estos elementos también son parte de la imagen personal y del éxito.[13]

Se puede observar que la teoría del profesor Mehrabian indica que la influencia en la comunicación personal es aproximadamente 55% en expresiones corporales, 38% en tono de voz y 7% verbal. Por ejemplo, se sugiere que el atuendo sea la mejor presentación, la voz transmita entusiasmo, el cuerpo exprese ánimo en cada movimiento intencional y el lenguaje comunique efectivamente la imagen de una mujer exitosa.

[12] https://elblogdegraham.wordpress.com/2012/07/17/conoces-los-4-canales-de-informacion-que-proyecta-tu-imagen-personal/

[13] Mehrabian, en su libro Silent Messages (citado por Decker, 1992:8).

De esta manera, a pesar de los avances de la tecnología las palabras siguen siendo uno de los medios más efectivos en la comunicación; ya que esta nos relaciona con otras personas, lo cual facilita el entendimiento para que el interlocutor capte el mensaje fácilmente. Implicando que las personas hablen, escuchen, razonen y comprendan el mensaje. Asimismo la expresión, la amabilidad y vocablos interesantes comunican el lenguaje y la imagen del éxito. Así la comunicación es una conexión personal o profesional que empodera para expresar pensamientos e ideas de una forma eficaz.

De acuerdo a lo mencionado sobre la imagen y el lenguaje te sugiero analizar aspectos de tu imagen y el lenguaje para fortalecer la confianza en ti misma y facilitar las interacciones con otros.

Una buena imagen corporal

Según referencias la imagen corporal es la representación del cuerpo que cada persona construye en su mente (Raich, 2000) y la vivencia de su propio cuerpo (Guimón,1999). En este sentido podemos decir que una es la imagen física y otra la imagen mental. Posiblemente mujeres con apariencia no atractiva se aceptan ellas mismas; por otro lado y contradictoriamente una mujer considerada atractiva por la sociedad no posee buena imagen corporal para sí misma.

Desde mi punto de vista la sociedad y la cultura proponen una idea estética equivocada que en ocasiones hace pensar que la belleza es un cuerpo perfecto que impulsa a la idolatría de la delgadez. En este aspecto puedo decir que no concuerdo con esta propuesta porque para mí es importante cuidar el cuerpo y mantener una salud apropiada sin ocasionar un trastorno emocional o mental en la vida.

De esta manera, si te encuentras en una situación donde tu imagen corporal causa sentimiento de angustia, ansiedad, insolación o trastornos alimenticios; te sugiero consultar a un profesional. Ya que el rechazo al cuerpo puede generar desordenes alimenticios y trastornos emocionales los cuales afectan la autoestima. Se considera que el 4% de mujeres sufren deficiencias mentales ocasionadas por no aceptar su imagen corporal.[14]

Ahora bien, examina y acciona los puntos de importancia para obtener una adecuada imagen corporal.

♡ Acepta, valora y piensa positivo de tu cuerpo.
♡ Disfruta la movilidad de tu cuerpo.
♡ Cuida tu cuerpo (alimentación y actividad física).
♡ Rompe los estereotipos sociales (no pienses que las personas delgadas son más felices).
♡ No te compares o te crítiques.
♡ Duerme lo suficiente.

⌒ ¡Atrévete a aceptar, valorar y cuidar tu cuerpo! ⌒

Características de imagen

Como mentora propongo otras características complementarias que fortalecerán la imagen de éxito. En este sentido, con nuestra imagen comunicamos tres cosas: autoestima, estado de ánimo y respeto por los demás.[15]

---

[14] Salaberria, Rodriguez y Cruz, 2018
[15] Vargas, Gaby, El arte de convivir y la cortesía social, México 2005

Higiene: La mujer higiénica se distingue por su presencia.

Elegancia: La elegancia en una mujer se refleja en su actitud.

Comunicación: Una mujer con un lenguaje de éxito es aquella que se comunica con una buena expresión en cualquier área o situación.

Postura: Una mujer con una buena postura sabe caminar, sentarse, tiene dominio propio de su cuerpo.

Respeto: Un valor que fomenta la armonía.

Amor propio: Una mujer exitosa se ama, se valora, hace lo que le apasiona y disfruta la vida.

Autocontrol: Una persona con autocontrol reflexiona las situaciones antes de actuar.

Buenos modales: Los buenos modales permiten tener cordura, valor, honestidad y poder de la palabra y las acciones. Utiliza los lenguajes: por favor, gracias, con permiso y disculpe; como una manera de expresarse cotidianamente.

Hábitos que impiden tener una imagen y lenguaje de éxito

Una vez que se establece un hábito es difícil modificarlo pero no es imposible, te comparto algunos modales impropios que impiden presentar una imagen y lenguaje de éxito.

- ♡ Mirar fijamente.
- ♡ Hablar en voz alta.
- ♡ Interrumpir.
- ♡ Hablar con comida en la boca.
- ♡ Codos en la mesa.
- ♡ Beber demasiado.
- ♡ Tronar o mascar chicle.
- ♡ Comentarios inapropiados.
- ♡ Uso de celular.
- ♡ Invadir el espacio personal.
- ♡ Mala higiene.
- ♡ Vestimenta inadecuada.
- ♡ Exceso de maquillaje.
- ♡ Gestos impropios.
- ♡ Morderse las uñas.
- ♡ Estornudar o toser sin cubrirse la boca.
- ♡ Apretón de manos.

Ética de oro en la imagen del éxito

Puntualidad: La puntualidad consiste en realizar una tarea o cumplir una obligación en un horario específico.

Reputación: Se define por la moral, sinceridad e integridad.

Sinceridad: Consiste en que la vida sea congruente y actuar según tu forma de ser y de pensar.

Humildad: Acepta con sabiduría sus virtudes, carencias y actúa de acuerdo a ellas.

Ética: Actuar correctamente.

Respeto: El respeto te permite valorar los intereses y necesidades de otras personas.

Discreción: La discreción es fundamental para fomentar el respeto y las relaciones.

Actitud positiva: Permite afrontar más fácilmente los asuntos cotidianos de la vida.

Ahora te sugiero responder las siguientes preguntas.

¿Cuáles son mis valores éticos?
¿Cuáles son los principios de ética que necesito mejorar?
¿Cuál es el beneficio de hacer cambios en mi vida?
¿Qué acción puedo tomar para iniciar mi transformación?

Palabras poderosas en el lenguaje del éxito

Las mujeres que alcanzan el éxito utilizan un lenguaje asertivo, elegante y vocablos poderosos. La asertividad permite defender los derechos, opiniones propias o ajenas de una manera ecuánime, positiva y cariñosa. Puesto que la asertividad consiste en ser consciente, congruente, directa y equilibrada.

El lenguaje del éxito ayuda a desafiar y superar la autocrítica y los pensamientos negativos. Un vocabulario edificante tiene grandes beneficios; por ejemplo reduce estrés, aumenta la autoestima, mejora la capacidad de toma de decisión y ayuda a establecer relaciones para empoderar tu vida y desempeñar mejor tus labores profesionales y personales. Al respecto, se sugieren los siguientes términos que denotan una actitud positiva, que ayudan a obtener una comunicación eficaz.

- ♡ Soy capaz.
- ♡ Creo en mí.
- ♡ Soy fuerte.
- ♡ Yo puedo.
- ♡ Persistiré.
- ♡ Resistiré.
- ♡ Lograré mis sueños.
- ♡ Lucharé.
- ♡ Merezco el éxito.
- ♡ Invertir en mí es una necesidad.
- ♡ Percibo en mi interior un ser maravilloso.
- ♡ Soy una mujer poderosa.
- ♡ Soy libre de hacer lo que me agrada.
- ♡ Me siento segura de quien soy.
- ♡ Me amo, me respeto y me aprecio.
- ♡ Confío en mi sabiduría.
- ♡ Escucho con amor los mensajes de mi cuerpo.
- ♡ Merezco gozar de buena salud.
- ♡ Hoy es el primer día de una vida nueva para mí.

Expresiones para obtener una buena comunicación

Si nos comunicamos de manera clara, amable, educada y atenta con otras personas se obtienen magníficos beneficios y es más importante de lo que se cree; por ejemplo: reduce ansiedad, ayuda a regular las emociones, mejora la autoestima y establece relaciones poderosas. Aquí presento algunas frases correspondientes al lenguaje de cortesía:

- ♡ ¿Me explico?...
- ♡ ¿Contesté tu pregunta?
- ♡ ¿Me das cinco minutos por favor?
- ♡ Comprendo tu punto de vista...
- ♡ Tengo el entendimiento de que las cosas son distintas.
- ♡ Estoy de acuerdo contigo ¿puedo sugerir otras opciones?
- ♡ Quiero verificar lo que escuché...
- ♡ Agradezco que pienses en mí...
- ♡ Por favor...
- ♡ Permiso por favor...
- ♡ Lo siento, me equivoqué...
- ♡ Disculpe...
- ♡ Gracias.
- ♡ Lindo día.

Con el siguiente testimonio deseo que tu imagen y tu lenguaje se puedan reconstruir para gozar de una vida empoderada.

El duelo que transformó la vida de una mujer

Erika llegó a mi consultorio muy triste vestida con una camiseta sucia, arrugada, el cabello despeinado, la cara lavada y como si no hubiese dormido por una semana. Sus hombros caían como si fueran lágrimas escurridas, su mirada mirando al vacío del piso y su tono de voz era tan bajo que parecía que hablaba en silencio. Erika me compartió que estaba muerta en vida por el abandono de su marido.

Durante las sesiones pude observar que el duelo que esta mujer estaba presentando lo manifestaba con pensamientos y lenguaje de culpabilidad que habían lastimado profundamente su imagen, su lenguaje y su autoestima.

Sobre el tema del duelo, según el Dr. Stephen Gullo y Connie Church. Existen seis etapas por las que se atraviesa cuando nos enfrentamos al duelo; el *shock*, la pena, la culpa, la resignación, la reconstrucción y la resolución.[16]

Continuando con el testimonio de Erika

Ella estaba resignada, sin embargo deseaba reconstruir su vida, aunque no sabía cómo resolver su difícil situación. En ese momento ella fue referida a mí como su mentora; para ser un instrumento y de esta manera ayudar a fortalecer su esencia femenina, su autoestima, vencer el miedo de abandono y diseñar su visión mental y emocional. Erika hoy en día luce estupenda, su imagen refleja su esencia femenina y elegante, su autoestima se fortaleció, su lenguaje es edificante, genuino, sincero, y se encuentra emprendiendo sus proyectos de vida.

El resultado de esta mentoría transformó la imagen y lenguaje de esta mujer valiosa. Cabe recordar que en el anterior capítulo se estudian diversas herramientas que ayudan a superar miedos y obstáculos que llevan hacia el éxito.

Ahora bien, como mentora recomiendo examinar cuál etapa de tu vida necesita asesoría. Y así como Erika tendrás la capacidad de superar las adversidades que se presenten en tu vida.

Lenguaje, magia y éxito

Desde mi perspectiva *El Principito* nos muestra un lenguaje que inspira a amar, respetar, dar, cuidar y valorar nuestra existencia.[17]

---

[16] Gullon, D.,and Church (1988) How to recover from a broken heart and love again. Simon & Schuster: New York

[17] file:///C:/Users/lucy/OneDrive/LIBROS%20%20QUE%20CAMBIAN%20VIDAS/EL%20PRINCIPITO/el principito.pdf

Al respecto, estimo que las siguientes expresiones proporcionan herramientas e ideas reflexivas para ser un mejor Ser Humano, ya sea hombre o mujer. Asimismo, también da la oportunidad para crecer y fortalecer nuestra esencia femenina.

El Amor: Enamórate mucho de ti, para que sepas lo que vales, para que entiendas que eres una joya, un tesoro y una maravilla y sobre todo, para que no vuelvas a aceptar menos amor del que te mereces.

> —Cultivan cinco mil rosas en un jardín y no encuentran lo que buscan.
> —No lo encuentran nunca —le respondí.
> —Y sin embargo, lo que buscan podrían encontrarlo en una sola rosa o en un poco de agua...

Niño interior: Todos los mayores han sido primero niños (pero pocos lo recuerdan).

El sacrificio: Será necesario que soporte dos o tres orugas, si quiero conocer las mariposas.

La alegría y el cariño: Si vienes, por ejemplo, a las cuatro de la tarde; desde las tres yo empezaría a ser dichoso.

El esfuerzo: —Derecho, camino adelante... no se puede ir muy lejos.

El cuidado de tus relaciones: Eres responsable para siempre de lo que has domesticado. Tú eres responsable de tu rosa...

Los sueños: Si las estrellas están encendidas para que cada cual pueda un día encontrar la suya.

Lo que en verdad importa: Sólo con el corazón se puede ver bien; lo esencial es invisible para los ojos.

Falsas apariencias: "Lo que veo es sólo la corteza; lo más importante es invisible..."

El afecto: Si alguien ama a una flor de la que sólo existe un ejemplar en millones y millones de estrellas, basta que las mire para ser dichoso.

El valor de la esencia: Nunca hay que hacer caso a las flores, basta con mirarlas y olerlas. Mi flor embalsamaba el planeta, pero yo no sabía gozar con eso...

Lo que queremos: Únicamente los niños aplastan su nariz contra los vidrios.

> —Únicamente los niños saben lo que buscan —dijo el principito. Pierden el tiempo con una muñeca de trapo que viene a ser lo más importante para ellos y si se la quitan, lloran...

La vulnerabilidad: Las flores son débiles. Son ingenuas. Se defienden como pueden. Se creen terribles con sus espinas...

Esencia de la vida: Las personas mayores nunca pueden comprender algo por sí solas y es muy aburrido para los niños tener que darles una y otra vez explicaciones.

La amistad: Lo que hace más importante a tu rosa, es el tiempo que tú has perdido con ella.

El sentido de pertenencia: Pero si tú me domesticas, entonces tendremos necesidad el uno del otro. Tú serás para mí único en el mundo, yo seré para ti único en el mundo...

La partida de un ser querido: Cuando te hayas consolado (siempre se consuela uno) estarás contento de haberme conocido. Serás mi amigo y tendrás ganas de reír conmigo.

Actividad personal
Contesta las siguientes preguntas.

¿Qué áreas de mi imagen y lenguaje necesitan mi atención para ser una mujer exitosa?

1.

2.

3.

¿Por qué es importante hacer estos cambios en mi vida?

¿Qué me motiva a hacer estos cambios?

¿Quién me puede ayudar?

Nombre: _______________________________
Teléfono: _______________________________
Email: _______________________________

¿Cuándo llamaré a la persona para que me guíe a obtener la imagen y el lenguaje del éxito?

Fecha: _______________________________

Imagen, lenguaje, éxito y magia

Capítulo IV

Mujer emprendedora realiza tus sueños

En el segundo capítulo hemos estudiado la importancia de sanar tu autoestima, vencer el miedo y triunfar en tus proyectos de vida. En este contexto, el presente apartado tiene como principal objetivo proporcionar las herramientas de motivación, aspiración e inspiración con la finalidad de accionar en la realización de tus sueños. En la actualidad existen mujeres que desean alcanzar el éxito sin embargo, no se esfuerzan por conquistar sus sueños, posiblemente ellas no dedican el tiempo suficiente para enfocarse en sus metas.

¿Qué anhela tu corazón? recuerda que Dios tiene un propósito para ti y existe una razón por la cual tú estás aquí.

Por medio de mi método de reflexión y de desarrollo personal, te brindo las técnicas para motivarte a que salgas de tu 'comodidad', que tengas fe y que desarrolles una personalidad de valentía y de dedicación para lograr el éxito.

Durante mi trayectoria como mentora, he observado que cuando se pretende obtener éxito se presentan obstáculos que detienen tus sueños; no obstante hoy quiero decirte que no te limites, porque dichos obstáculos te van a impulsar a levantarte con más fuerza para seguir luchando por tus sueños, hasta convertirlos en una realidad en tu vida. ¡No dudes!

El mito es el sueño despierto de la humanidad

Sigmund Freud

¿Qué significado tienen los sueños?

Científicamente, el sueño se define como "un estado fisiológico parcialmente voluntario de la inconsciencia durante el cual se produce un conjunto de fenómenos y experiencias psíquicas que resultan de nuevas experiencias vividas en la vigilia y fijación de la memoria" (Garza de la, 2012: 28-29).

Desde mi perspectiva y de acuerdo a la finalidad de este capítulo, un sueño es una idea que creas en tu mente y anhelas en tu corazón, con la intención de verlo hecho una realidad; este sueño está en tu imaginación, pero si persistes día a día con fe, valentía, dedicación, planificación, perseverancia y autodisciplina tu sueño será cumplido.

Me parece conveniente señalar la importancia del vocablo sueño. En mi texto, yo uso la palabra sueños de manera profunda y no a la ligera; ya que los sueños también se hacen realidad, siempre y cuando, estos sean respaldados con planes, acciones y metas tangibles. ¿De qué manera puedo descubrir mi sueño?

Primordialmente, la principal herramienta radica en conocerte a ti misma, así como pensar y accionar en las actividades que llenen tu vida de gozo y que te permitan mirar hacia el futuro.

Resulta interesante saber que las personas que no tienen un sueño definido a largo plazo suelen vivir vidas reactivas y no proactivas. La mayoría de las personas establecemos objetivos a corto plazo, sin embargo, pocas veces pensamos en objetivos a largo plazo. Por ello, te sugiero fijar metas más allá de un año, planea tu visión de 3 a 5 años para que vivas una vida por diseño. ¡Atrévete!

Te comparto las siguientes preguntas para ayudarte a descubrir tus sueños. Aquí, te invito a pensar en el futuro, de 3 a 5 años, a partir de hoy.

**¡Qué emoción! Sin límites.
No te preocupes por el cómo
lo lograrás, solo sueña.**

Responde el cuestionario:

¿Qué es lo que anhelo lograr en la vida?
¿Qué colma mi corazón de felicidad?
¿Qué legado quiero dejar?
¿Cómo impacto en la vida de otros de manera notable?
¿Qué actividades y hábitos llevan al éxito?
¿Cómo me visualizo en 3 a 5 años?
¿Por qué lo quiero lograr?
¿Qué pierdo o gano si no logro mis sueños?

Cabe señalar que las preguntas, pero sobre todo tus respuestas son herramientas necesarias para alcanzar tus sueños.

El éxito femenino

Gabriela Vargas es una escritora mexicana que en su libro *La imagen del éxito* define que: "El éxito se compone de muchos elementos que no son tangibles. Lo externo es efímero si no se tiene como fuente una proyección del interior, si carece de una fuerza constante y viva que lo sostenga. El éxito no se mide por resultados espectaculares ni por la admiración que despertemos en los demás". La autora propone que el éxito es sentirse bien con uno mismo, lo cual es una fuente de trabajo constante, de esfuerzo, de mantener vivos nuestros amores e ilusiones (Vargas, 1999: XIV- XV).

Por mi parte, yo opino que el éxito radica en vivir en plenitud, lograr el triunfo, cultivar la fe, fortalecer la autoestima, perdonar y evolucionar mentalmente. Deseo que mi definición de éxito te haya inspirado, aunque, con todo mi corazón lo que más anhelo es que encuentres tu propia definición de éxito. ¿Qué es el éxito para tí?

¿Cómo se desarrolla la capacidad para realizar los sueños?

Esencialmente tú adquieres la capacidad para realizar tus sueños cuando existe un motivo de gran envergadura que te impulsa día a día; también, se debe tener seguridad en lo que se anhela; así como establecer un objetivo claro en la actividad que pretendes y que más te apasiona. Sin duda, si tienes una visión clara que te motive e inspire a tomar decisiones y acciones en tu sueño, esto te proporcionará un sentido de dirección para elegir una profesión y realizar tus sueños.

Reflexiona en las áreas de tu vida, emprende y realiza tus sueños con éxito.

- ♡ Cuidado emocional.
- ♡ Espiritualidad .
- ♡ Salud personal.
- ♡ Familia.
- ♡ Finanzas.
- ♡ Desarrollo personal.
- ♡ Amor propio/ Amor al prójimo.
- ♡ Profesional / Negocio / Liderazgo.
- ♡ Relaciones sociales / Amistades.

Herramientas de empoderamiento para ser una mujer exitosa

El análisis FODA personal (Fortalezas, Oportunidades, Debilidades y Amenazas) es una herramienta eficaz, la cual te ayudará a identificar tus fortalezas y oportunidades, con la intención de conocer tu situación actual, será un punto de partida para saber las debilidades y amenazas que impiden realizar tus sueños; así como planificar una estrategia de mejora a futuro (Humphrey, 2004).

Me parece pertinente subrayar que durante la etapa de analisi FODA personal encontrarás las respuestas a las siguientes preguntas:

¿Cómo puedo destacar cada fortaleza?

¿Cómo puedo aprovechar las oportunidades?

¿Cómo puedo disminuir las debilidades?

¿Cómo puedo neutralizar las amenazas?

Preguntas para considerar las fortalezas que te ayudarán a ejecutar tus planes.

¿Qué habilidades tengo?

¿Qué hago mejor que los demás?

¿Cuál actividad me apasiona?

¿En qué áreas o actividades aporto valor?

¿Qué opiniones positivas tienen los demás sobre mí?

¿En qué valores creo y practico?

¿Cuáles son mis mayores logros?

Preguntas para evaluar tus debilidades.

¿Qué debería cambiar o mejorar de mi carácter o personalidad?

¿Qué hábitos obstaculizan mi éxito?

¿Cuáles son mis miedos?

¿Qué críticas realizan mis colegas sobre mis habilidades?

¿Qué aspecto de mi persona no acepto?

¿Qué habilidades o recursos necesito adquirir para poder cumplir con mis sueños? (ej. educación, imagen personal y habilidades).

Preguntas para considerar sobre las oportunidades que se presentan en tu vida.

¿Qué te entusiasma del futuro?

¿Qué recursos y oportunidades se presentan ahora en mi vida?

¿Qué cambios tecnológicos presentan oportunidades?

¿Qué haría si no tuviera miedo?

¿Qué cualidades tengo para superar mis miedos?

¿Quién externamente me puede ayudar a lograr el éxito?

Preguntas para considerar sobre las posibles amenazas.

¿En qué área de mi vida necesito capacitación o estudio?

¿Qué actividades me hacen perder mi tiempo?

¿Cuáles riesgos enfrentaré en el futuro?

¿Qué limitaciones tengo?

Actividad personal

Anota tres amenazas de las cuales necesitas tomar conciencia para solucionarlas.

1. ____

2. ____

3. ____

Con la finalidad de tener una visión objetiva de tu personalidad, te invito a llevar a cabo un ejercicio de retroalimentación con tres personas con las que colaboras y con tres personas que son parte de tu vida personal, ya sea por e-mail o en persona. Al respecto, te comparto un ejemplo de conversación o solicitud de retroalimentación.

Estimado/a:

Actualmente estoy trabajando en un plan de desarrollo personal y me gustaría comprender mejor ¿cómo otras personas perciben mis fortalezas y debilidades, con el fin de obtener mayor eficacia?

Valoro tu opinión como ___ (la función de la persona en tu vida)____ y realmente agradezco tus comentarios honestos.

Me gustaría saber qué opinas de:

Mis fortalezas y mis talentos.
¿Qué es lo que más valoras de mí personalidad?
Mis debilidades.
¿Cómo me perjudico?

Esta tarea puede ser tan fácil como una lista rápida con viñetas. Y sería de gran ayuda para mí, si puedes añadir ejemplos específicos para comprender con claridad tus comentarios.

Si lo puedes enviar antes de __(Fecha)__ sería genial.

Sinceramente, aprecio tus comentarios.

Una vez que obtengas la información compara las respuestas con las siguientes preguntas.

¿Qué similitudes y diferencias observas?
¿Cómo se alinea la retroalimentación, cómo te percibes a ti misma?

Escribe tus debilidades solo aquellas que tienen evidencias concretas. Si existen algunas respuestas que son increíbles; quizás lo son. Sin embargo, si recibes la información de más de una persona puede ser que se debe considerar.

Frecuentemente tenemos habilidades y talentos que cumplimos destacadamente, sin gran esfuerzo, no obstante, no le damos valor. Por lo general, cuando disfrutamos algo que realizamos con facilidad ¡Representa una fortaleza!

¿Notaste alguna fortaleza en la retroalimentación?
¿Qué descubrí sobre mi valorización?
¿Qué fue lo que más me sorprendió?
¿Soy más valorada por?
¿El aspecto que podría mejorar es?

Con el análisis FODA, las respuestas a las preguntas y el cuestionario de retroalimentación como principales herramientas de acción en tu vida, indudablemente tú lograrás el éxito.

¿Qué características influyen en la realización de mi sueño?

En mi función de mentora sugiero que pongas atención en el estudio de las siguientes características, ya que para realizar tu sueño es necesario poseer habilidades y desarrollar las características para que tus sueños sean una realidad.

Anhelo:
La capacidad de desear algo intensamente.

Fe:
Creer que es posible si Dios está conmigo.

Responsabilidad:
Una persona que tiene responsabilidad es aquella que es puntual con sus obligaciones y su palabra.

Persistencia:
La capacidad de ser firme en tus decisiones y anhelos hasta llevarlos a la realización.

Disciplina:
La capacidad de seguir tu plan para realizar tus sueños.

Autodisciplina:
La virtud de diseñar tu vida sin ningún control exterior.

Autoconfianza:
Tener fe en ti y saber reconocer tus atributos y virtudes.

Resiliencia:
La capacidad de recuperarse de adversidades.

Establecimiento de redes personales:
La facultad de relacionarse y propiciar la buena convivencia de tal forma que logremos la comprensión de las demás personas.

Habilidad de conexión:
La virtud de conectar con otra persona desde su punto de lógica y no solamente desde tu enfoque.

Resolución de problemas:
La posibilidad de identificar problemas, buscar soluciones y evaluar situaciones.

Gestión de tiempo:
La habilidad de identificar y planificar las prioridades y cumplir con ellas.

Obstáculos que detienen los sueños

A continuación te presento ciertos obstáculos que impiden realizar los sueños, y por tanto paralizan, frustran y distraen los objetivos anhelados.

♡ Postergación.
♡ Indecisión.
♡ Falta de compromiso.
♡ Emociones excesivas.
♡ Prejuicios.
♡ Perfeccionismo.
♡ Desorden.
♡ Gestión del tiempo.
♡ Falta de planificación.
♡ Pensamientos limitantes.
♡ Baja autoestima.

Reflexiona en las frases anteriores y contesta el cuestionario.
¿Qué obstáculos impiden realizar tu sueño?
¿Qué obtienes al eliminar este obstáculo?

Mujer sueña sin paradigmas

Según la sociedad, debemos cumplir con tradiciones, como casarse, procrear hijos, obtener un título universitario, tener trabajo y comprar una casa; con la obligación de que cada una de estas situaciones se debe llevar a cabo a cierta edad.

Como se sabe, la mujer tiene un reloj biológico y si pretende ser madre debe considerarlo como una prioridad. Sin embargo, yo opino que para aspirar a otros proyectos, la edad no obstaculiza las expectativas femeninas. Por ejemplo, algunas mujeres deciden no tener hijos y se consideran igualmente valiosas. No permitas que tu edad detenga o impida que vivas en plenitud y evite realizar el sueño que está en tu corazón. Analiza tu pensamiento y si crees que es tarde para soñar, hoy te hago la invitación para que acciones las técnicas de mi método con la finalidad de cambiar tu entendimiento y tu actitud .

Al respecto, comparto contigo la historia de una mujer que se atrevió a soñar a pesar de su enfermedad y su edad.

Un día recibí un mensaje por *Facebook* en mi página *Coach* Lucy Escobar. El mensaje era de Vicky, una mujer que durante varios años me seguía en las redes sociales. Recuerdo que la conocí en persona en un club social. El mensaje era un poco corto, diciendo:

Por supuesto, yo acepté la reunión para tomar el café, al llegar a la cita ella me miró intensamente y me dijo.

Me quedé paralizada por un momento y le pregunté: Platícame más de tu comentario ¿A qué te refieres? ¿Qué sucede? Y la escuché detenidamente.

Ella dijo que padecía cáncer cerebral y tenía una sentencia de muerte en 6 meses. Me comentó que ella no sabía qué color, comida o qué actividad era su favorita; ella quería trabajar conmigo para descubrir quién era antes de morir.

También me comunicó que no tenía dinero para pagar mis honorarios, su historia me conmovió mucho, por el deseo que Vicky tenía de vivir y por descubrir su esencia. Ella quería vivir en plenitud los últimos días de su vida. La tomé de la mano y contesté: Claro que sí, yo te puedo ayudar, no te preocupes por mis honorarios, mi pago será cuando encuentres tu esencia. Juntas descubriremos aquello que te inspire para transformar tu vida y conocer tu esencia.

Vicky descubrió su color favorito, el azul como sus bellos ojos, le encanta cocinar, cantar y disfrutar el tiempo con su familia.

El propósito de Vicky fue servir a Dios y compartir su palabra, lo cual le permite seguir viviendo. Hoy día Vicky aún sigue viva; ella es un testimonio de que cuando encuentras tu propósito, puedes vivir en plenitud. La historia de Vicky nos deja un mensaje muy claro, para entender que cuando Dios tiene un propósito para tu vida y tú tienes el deseo de descubrirlo, no importa la edad o las circunstancias en que te encuentres en la vida. Siempre habrá solución, así podrás realizar tus sueños.

Actividad personal

Me gustaría que dediques tiempo para ti; en un lugar en donde encuentres paz y puedas pensar y concentrarte; apaga tu celular. Estas acciones te llevan a meditar únicamente en lo que anhelas en tu vida.

Crea un compromiso con tu sueño ¿Iniciamos?

Yo, _______________________________
me comprometo a ser sincera conmigo misma y descubrir mi sueño el día
_______________. Mi sueño es mi propósito de existir y decido hacer una cita con mi sueño para iniciar la transformación de su presencia en: _______________
a las _______________ horas del día.

Firma: _______________________________

Para ser una mujer exitosa, imprescindiblemente debes enfocarte cada día en tu sueño. A lo largo del presente capítulo, como mentora, te he proporcionado las herramientas necesarias para impulsarte a conquistar tu pasión, tu felicidad y por supuesto tu sueño.

¡Sin acción no hay transformación! Atrévete a planificar y realizar tus sueños.

Capítulo V

De la visión femenina a la transformación en mujer exitosa

El amor, las mujeres y la vida

Mario Benedetti

Tu transformación tiene como finalidad determinar una visión clara que te inspire a realizar cambios en tu vida y alcanzar el éxito. En mi rol de mentora quiero motivarte en este capítulo a que pongas en acción las herramientas que has aprendido en los capítulos anteriores. Si accionas obtendrás innovaciones relevantes en tu vida.

¡Tiempo de transformación! Mi propósito como mentora consiste en que tus ideales no queden en palabras escritas y sílabas olvidadas en un papel; sino que adquieras la valentía de trabajar en ellos y de esta manera, logres que tu visión femenina te transforme en una mujer exitosa.

Para llevar a cabo esta tarea te sugiero aplicar estas técnicas de reflexión para alcanzar tu tranformación.

¿Cómo debo accionar para realizar mi visión femenina?

¿Qué debo hacer para mi transformación a mujer exitosa?

¿Cómo puedo ser responsable de mi vida?

Percibir el éxito con mirada femenina

La visión femenina ofrece la oportunidad de ver hacia el futuro, es decir, renueva tu manera de ser. Asimismo, también indica un sentido de dirección para alcanzar tus sueños.

Según el diccionario de la lengua española, el vocablo visión se define como acción y efecto de ver. Asimismo, como un punto de vista particular sobre un asunto, es decir interpretar o percibir el mundo.[18]

El siguiente poema ilustra la dirección a seguir, sinceramente, deseo que te inspire a accionar tu visión.

Los pensamientos se transforman en sueños.
Los sueños en visión.
La visión en acción.
La acción en transformación.
La transformación en realización.
Y la realización a la trascendencia
(Romanos, 12: 2).

Cualidades para realizar una visión exitosa

Créelo: Creer en ti abrirá un sinnúmero de oportunidades en tu vida. En ocasiones será difícil pensar en logros, ya que estamos

[18] https://dle.rae.es/visi%C3%B3n (Consultado 11/09/2021).

condicionadas a no creer que merecemos el éxito. Te insto a caminar a través de la fe para deshacerte de los miedos y dudas que puedan cuestionar tu capacidad (Custer, 1992: 151-155; Okawa, 2011: 15-22).

᯾ ¡Cree que sí es posible! ᯽

Sé específica: Si no sabes a qué dirección te diriges, no llegarás a realizar tu visión. La visión es un objetivo amplio, por tanto, te propongo establecer objetivos particulares en varios niveles:

Primero, crea una visión general de lo que quieres lograr en tu vida e identifica las metas en diferentes escalas. Después, escribe tu lista de objetivos que deseas alcanzar en tu vida. Finalmente, trabaja en tu plan para alcanzar tus metas las cuales están basadas en tus objetivos.

Como tu mentora, te invito a llevar este proceso con fe, calma y planificación. Recuerda que iniciamos el proceso de planificación con tu visión femenina de vida. Este método te guiará a establecer metas por los siguientes cinco años, tres años, un año; los próximos meses, la próxima semana y hoy, para iniciar tu transformación hacia el éxito.

Responsabilízate: La mayoría de nosotras hablamos sin cesar de nuestros sueños y del deseo de lograr nuestras metas. Desafortunadamente, día tras día aplazamos estos propósitos. Se puede tener la mejor idea del mundo, estar dotada de talentos y virtudes pero, si no te responsabilizas no podrás experimentar el éxito a través de tu visión. La responsabilidad te mantiene enfocada en el esfuerzo para alcanzar tus objetivos.

En este aspecto mi recomendación radica en que seas sincera contigo misma, identifica cuáles son tus fortalezas y trabaja en ellas. Agenda tiempo en tu día para trabajar en tu visión y en las metas que quieres alcanzar. En ocasiones, se aconseja que planifiques con anticipación, un día antes para iniciar tu día con un plan de acción *¡Atrévete a ser una mujer exitosa!*

Sé Flexible: Existe una manera antigua de establecer metas, por ejemplo, tú escribes un listado de objetivos y vas marcando cuidadosamente la lista según se vayan cumpliendo tus objetivos. Esta técnica no implica que el método sea incorrecto; mi intención es invitarte a que seas flexible con tus objetivos (Okawa, 2016: 196-202).

Para evitar que tengas la sensación de levantar las manos hacia el aire con desesperación, como signo de rendición, cuando aparezcan obstáculos te propongo ser flexible. La flexibilidad te ofrece la ocasión de seguir trabajando en tus metas, aunque sucedan imprevistos en tu vida. En este sentido, aconsejo practicar la flexibilidad tomando decisiones que favorezcan tus objetivos.

Comparte tu visión: Al compartir tu visión con tu mentor o una persona en la cual tú confías; tienes grandes beneficios, ya que esta persona te ayudará a mantenerte motivada y enfocada en tu progreso. Al expresar tus objetivos a otra persona te hace responsable y la probabilidad será más alta para tu transformación en una mujer exitosa.

Te sugiero buscar a la persona que tú elijas, ella será tu cómplice y compañera en tu nueva visión de éxito, y en tu brillante transformación. En el capítulo seis encontrarás una guía que te ayuda a elegir un mentor o *coach*. Estas dos personas especialistas en desarrollo humano aportarán sus conocimientos, los cuales serán benéficos para materializar tu visión.

Acciona: Las mujeres que experimentan un nivel de éxito en su vida, toman acciones diarias en dirección a sus objetivos. Cabe mencionar que estas mujeres están conscientes que el éxito es la suma de una multitud de pequeñas decisiones y acciones que practican diariamente (León-Portilla, 1998: 18) ¡Toma Acción!

Celebra tus triunfos: Tradicionalmente celebramos cumpleaños, aniversarios o graduaciones; en este sentido, te motivo a celebrar cada pequeño logro en dirección a tus objetivos. La buena noticia es que al celebrar tus logros aumenta tu confianza, autoestima y alimenta tu éxito continuo.

Transformación a mujer exitosa

La transformación se refiere a los cambios que surgen en nuestra vida, tanto físicos como mentales; y nos conlleva a evolucionar y alcanzar nuestros objetivos en diferentes áreas de nuestra vida.

De esta manera, resulta interesante saber que tú tienes la habilidad de trazar tu transformación, en el momento de tomar decisiones y accionar siempre con la idea de aprender, cambiar, innovar, creer y crear una atmósfera de desarrollo para ti y para quienes te rodean.

Si, ejemplificamos de manera ilustrada, puedes imaginar un ave recién nacida que sus alas no tienen la fuerza suficiente y después, paulatinamente sus alas se fortalecen para emprender con seguridad un largo vuelo ¡Vive tu visión y prevalece en tu camino!

Fortalece tu espiritualidad.

Si te acercas a Dios aumentará tu fe y te permitirá tomar acción en tu visión. La fe y confianza espiritual te fortalecerá para enfrentar adversidades y cumplir el propósito de tu visión (Santiago, 4: 8).

Sé la mejor versión de ti misma.

La mejor versión de ti misma surge en el momento en que determinas encontrar tu esencia femenina espiritual y moral, con la finalidad de hacer posible tus sueños y propósitos que te lleven a ser una mujer exitosa.[19]

Cuando somos la mejor versión triunfamos en la vida. Sin embargo, el fracaso también es parte del éxito y puede tener un impacto favorable en nuestra autoestima, estabilidad emocional y perseverancia. Así, conviene que el fracaso sea tu aliado; analiza con calma, reflexiona, aprende de él, es un gran maestro y parte del éxito para dar tu mejor versión.

En este sentido, como mentora te exhorto a ser la mejor versión de ti, para que puedas dar tu mayor esfuerzo y diligencia en tus proyectos. Por ello, te aconsejo que tus tareas tengan un inicio y un final. En ocasiones te sentirás ansiosa; en este instante piensa cuál es el motivo o perjuicio a eliminar y con esta práctica tú desaprendes y continuas dando la mejor versión de ti para transformarte en una mujer exitosa.

Crea una visión clara.

Una visión cristalina proporciona a las personas la habilidad de tomar decisiones firmes en todas las áreas de nuestra vida. Recuerda que la visión representa tu sueño y tus anhelos más profundos que están en tu corazón; y sobre todo la visión de tus proyectos profesionales. Por ello, es importante crear una visión fuerte y poderosa, ya que será tu principal inspiración en tu transformación.

Enfoca tus planes.

Si permaneces enfocada en tus objetivos, estos se realizan a la brevedad posible, además te ayudará para que fluya tu creativi-

---

[19] https://lamenteesmaravillosa.com/se-la-mejor-version-ti/

dad y reducirá el estrés, situación que te hará disfrutar con felicidad tus actividades.

En el papel de directora en el proceso de tu transformación, me parece conveniente sugerir que encuentres un lugar en donde puedas enfocarte en tus objetivos. Si no enfocas tus planes adecuadamente, te causará desánimo y frustración, aunque hayas invertido tiempo y esfuerzo.

Disfruta la vida y tus pasiones.

Una mujer exitosa vive apasionada cuando descubre su visión y tiene un sentimiento de agradecimiento por lo que ya posee ¡Disfrutar la vida es más fácil de lo que piensas, vive en el presente!

Relacionarse.

En el proceso de transformación, se recomienda mantener una relación estrecha con diferentes personas, así, la convivencia con amigos, amigas, colegas y seres queridos ayuda enormemente para alcanzar el éxito que anhelas.

Analiza las áreas de tu vida para mejorar.

En el siguiente paso y siguiendo mi método de Consultoría, se requiere que analices las áreas de tu vida que debes trabajar para tu transformación. Para ello, comparto las siguientes preguntas como apoyo a tu introspección.[20]

¿Soy y doy la mejor versión de mi persona?
¿Me enfoco en los planes que anhelo lograr?
¿Cómo me relaciono con los demás?
¿Disfruto mi vida con lo que me apasiona?
¿Cómo está mi relación espiritual?

[20] www.redalyc.org/pdf/805/80501114.pdf

¿Qué impide mi transformación?

¿Tengo una visión definida de mis objetivos?

La esencia femenina

La esencia femenina se caracteriza por la sensibilidad que habita en el Ser de cada mujer, segura, fuerte, capaz, independiente y tierna. Ella tiene relaciones saludables, primero con ella misma y después con las personas que la rodean. La mujer con esencia femenina no duda de sus habilidades, comunica sus necesidades, pone límites, tiene amigos ganadores[21], brilla con su luz para otros, toma acción en sus objetivos y su firmeza en las decisiones distingue su esencia y su éxito.[22]

La feminidad no consiste solo en ser mujer, sino también en ser responsable de su desarrollo personal, de su conducta y por supuesto, de mantener su elegancia y cuidado físico. En un artículo, la escritora Elena Poniatowska menciona que en la antigüedad mesoamericana, a la mujer se le consideraba 'un collar de piedras finas' (Poniatowska, 1998 64-65).

La mujer manifiesta su feminidad en la forma que trata a su semejantes; es decir, con amabilidad y cordialidad. Una mujer femenina siempre porta su mejor joya, su sonrisa, la cual representa el lenguaje universal. Ella no permite malos tratos, porque aun siendo amable, sus decisiones son invencibles.

Una mujer femenina cuida su apariencia, no por vanidad sino por higiene, porque ella sabe que su imagen representa su personalidad bella y llena de frescura.

[21] https://open.spotify.com/episode/7hsQ3cWnX1tYGASYOtr9Eb

[22] https://lamenteesmaravillosa.com/éxito-en-femenino/

Descubre tu feminidad respondiendo a las siguientes preguntas.

¿Cuál es tu actitud ante otras personas?
¿Te sientes completa en todas las áreas de tu vida?

Reflexiona en la descripción de una mujer femenina, en qué aspecto necesitas trabajar.

¿Para ti ser una mujer femenina refleja vanidad?
¿Eres responsable con tu palabra?
¿En qué aspectos de tu vida necesitas poner límites?

Analiza tu personalidad y contesta si eres una mujer femenina.

Crea el momento preciso

Inicia la jornada y obtendrás los resultados que deseas en tu vida; actualmente, existe gran cantidad de personas que quieren alcanzar el éxito, sin embargo, siempre están esperando el momento para hacerlo una realidad; de esta forma, nunca accionan para lograr su transformación.

En mi consultoría he analizado diferentes casos de obstáculos que obstruyen el camino hacia la transformación personal. Verbi gratia; el miedo al fracaso, la inseguridad y la baja autoestima; los cuales debemos remover de nuestra vida para poder experimentar la transformación y el éxito en el mundo femenino.

El primer paso que debes dar es intentar, si no ganas en esta ocasión, tendrás la satisfacción de haberlo intentado, y si triunfas se cumplirá tu propósito de vida y la transformación que te acercará a la cima. Por tanto, si no lo intentas nunca podrás saber si lo lograrías ¿Cuál opción es mejor para ti?

Te comparto este dicho que me encanta: 'No dejes para mañana lo que puedes hacer hoy, porque mañana puede ser demasiado tarde'. Recuerda que cuando trazamos una meta somos responsables de contribuir cada día para hacerla una realidad. Mujer fuiste creada con el propósito de trascender y vivir tu esencia femenina en plenitud. El presente es el momento preciso que eliges para sentirse feliz y conseguir el éxito ¡Trasciende hoy!

El reloj de la vida no espera, el tiempo pasa rápido, no esperes más ¡El momento llegó!

Para continuar con mi método de reflexión, contesta estas cuestiones, te ayudarán a encontrar tu momento.

¿Cuál es el momento preciso?
¿Qué debe acontecer para ponerme en marcha?
¿Por qué vivo con gran dificultad la transformación hacia el éxito?

Seguramente, el siguiente testimonio será un estímulo que te brindará las herramientas que necesitas en esta ardua tarea.

Testimonio de Betty. Descubrió su esencia y su camino al éxito.

Para mí, ser mentora ha sido un privilegio gratificante, ya que me permite ser un instrumento en la transformación de un sinnúmero de mujeres como en el caso de Betty.

Una remembranza que tengo presente: Cierto día por la tarde, yo recibí una llamada en mi consultorio, era Betty, quien por medio de mi página de *Facebook Coach* Lucy Escobar, ella se informó del taller empresarial que estaba impartiendo para un número selectivo de empresarios. Cuando le comenté que solo había un espacio disponible, ella decidió tomarlo. Acordamos su asistencia en la reunión; ella llegó tarde, un poco confundida y nerviosa.

Después de la mesa redonda conversé con ella, y empecé a conocerla.

Betty, me platicó con una mirada muy triste que tenía un negocio que no era exitoso y necesitaba incrementar sus ingresos, ya que necesitaba salir de una relación tóxica que por dos años había terminado con su propio valor, autoestima y negocio. Detenidamente, yo revisé la información de su negocio y le comenté: este año puedes ganar cien mil dólares, tomando como base tu información y llevar un plan de negocios que yo te ayudaré a redactar. Me miró con una mirada asombrada, pareciera que sus ojos saldrían y comenzó a llorar.

Durante un año trabajé con Betty, primero dedicamos tiempo a su persona, edificamos su autoestima y su esencia femenina; porque un negocio es tan exitoso como su propietario.

Actualmente, ella disfruta de la vida que durante varios años anheló y sus ingresos se han incrementado. Hoy te invito a seguir el camino de Betty, ella buscó ayuda para alcanzar su meta, así, tú también, si es el caso, busca la ayuda de un mentor para que con su asistencia, puedas encontrar tu esencia femenina para realizar tu transformación a mujer exitosa. Tú eres capaz de lograr lo que te propones ¡Decídete!

Actividad personal

En este ejercicio te invito a visualizar tu esencia femenina hacia la transformación a la mujer exitosa que anhela tu corazón. Escribe una carta dirigida a tu esencia femenina que vive dentro de ti. Por favor, recuerda estas preguntas al redactarla.

¿Cómo visualizas la esencia femenina en ti?

¿Cómo es la vida que pretendes para ti?

¿Cómo te sentirás cuando alcances el éxito que anhelas?

**Memoria selectiva para recordar
lo bueno, prudencia lógica para
no arruinar el presente, y optimismo
desafiante para encarar el futuro.**

Isabel Allende

¡Visualiza, siente, vive tu esencia femenina hacia tu transformación!

Capítulo VI

La acción femenina en el liderazgo

La importancia del liderazgo radica en que las mujeres tienen una destacada presencia en el ámbito laboral, familiar y social actualmente; como se ha mencionado en capítulos anteriores de este libro, ellas ocupan puestos de liderazgo de mayor responsabilidad. En este contexto existe un mayor número de lideresas ejerciendo un papel relevante en la educación, economía, política y en el sector empresarial público y privado. Las mujeres desarrollan las profesiones que aman, así diseñan el éxito profesional con ingenio y su capacidad se adapta a la cultura y al campo profesional de su elección. No obstante, todavía las mujeres se ven afectadas por obstáculos que la sociedad impone respecto a cómo se debe desempeñar el rol en el liderazgo femenino; sin embargo, después de un año y medio de la pandemia COVID-19, las mujeres han logrado importantes avances en la representación en puestos directivos. Sobre este aspecto, se ha identificado que la fuerza laboral de este año en comparación con otros, cada una de cuatro mujeres consideran reducir su participación laboral debido al agotamiento laboral *"Burnout"*.[23]

---

[23] https://wiw-report.s3.amazonaws.com/Women_in_the_Workplace_2021.pdf (Consultado 11-09-2021).

En este capítulo presento herramientas indispensables que ayudarán a crear relaciones estratégicas y armónicas; empoderamiento para promover las capacidades intelectuales así como defender los derechos de la mujer y sobre todo impulsar a las mujeres a reconocerse como lideresas para trascender en el campo de la mentoría y al mismo tiempo lograr éxito en el liderazgo femenino.

Ahora bien, el liderazgo consiste en una relación de valores, locus de control, inteligencia emocional y una visión inspiradora para influir y accionar en los objetivos y desarrollar su potencial en las actividades de liderazgo y mentoría, como se estudiará en el capítulo siete sobre el tema de mentoría.[24]

Habilidades y valores esenciales de una lideresa

Harvard Business Review publicó una investigación reciente en donde muestra que las mujeres en puestos de liderazgo son reconocidas por su eficacia de la misma manera que los hombres. En evaluaciones de 360 grados, las mujeres fueron calificadas sobresalientes en la iniciativa, en la capacidad de resiliencia, en el autodesarrollo; ellas están orientadas en impulsar resultados y mostrar una alta integridad y honestidad.[25] Los resultados demostraron que la mujer destaca en un 84% de las competencias medidas. No obstante, los hombres destacaron en dos capacidades: Primera, la habilidad de desarrollar una perspectiva estratégica y la segunda , la experiencia técnica y profesional. Desde mi punto de vista este reconocimiento y avance de la valoración y contribución de la mujer en puestos de liderazgo es motivo de celebración. Las competencias mencionadas son de suma impor-

[24] https://www.psyciencia.com/locus-control-interno-externo/
[25] https://hbr.org/2012/03/a-study-in-leadership-women-do

tancia para el liderazgo eficaz así como las siguientes habilidades y valores.

Dominio: Una lideresa posee la responsabilidad de dirigir su personalidad, esto implica el auto-conocimiento, auto-gobierno, auto-compensación y el dominio de su carácter, emociones, hábitos, habilidades y auto-aprendizaje.
Pasión: Para ser exitosa debes amar tu profesión sin importar la posición en que te encuentres. La pasión más grande de una lideresa es generar energía, inspiración contagiosa y una pasión ilimitada que inspira seguidores de liderazgo.
Locus de control: Se entiende por este vocablo la capacidad de evaluarse a sí misma. El concepto fue desarrollado por Julián B. Rotter en 1966 y desde entonces se ha convertido en un elemento de la psicología de la personalidad. El *'locus'* de una persona se conceptualiza como interno (creencia de poder controlar los acontecimientos) o externo (una creencia de que la vida está controlada por factores externos, como el destino). El *locus* de control se caracteriza por la valoración fundamental de sí misma, la autoeficacia y la autoestima.[26]
Flexibilidad: Las lideresas flexibles son aquellas que tienen la habilidad de cambiar su enfoque y adaptarse a los cambios. Su mentalidad comprensiva permite escuchar intensamente, usar diferentes estrategias de pensamientos y relacionarse con su equipo e identificar las necesidades de sus clientes.

[26] https://psicologiaymente.com/psicologia/locus-de-control.

Toma de decisión:

La toma de decisiones es una habilidad fundamental para un liderazgo eficaz. Las grandes lideresas saben como solucionar y gestionar sus decisiones desde una prospectiva más allá de la realidad del día a día. Además las iniciativas benefician a la lideresa, a su equipo y a sus clientes.

Inteligencia emocional:

Para ser brillante como lideresa es vital tener la aptitud de conocer, percibir y dirigir las emociones de otros y de sí misma.[27] Esta habilidad brinda a la lideresa comprender cuáles son los motivos de sus seguidores, y facilitar relacionarse con otros.

Visión:

Una lideresa visionaria con la capacidad de comunicar claramente objetivos con pasión y entusiasmo puede inspirar al equipo a lograr metas en común. Ella reconoce que para materializar la visión es necesario valorar a su equipo ya que su contribución impacta más allá de la visión.

Compromiso:

La lideresa comprometida tiene la responsabilidad de servir a su equipo, formar, crecer y lograr objetivos. Ella identifica que sus seguidores tienen un gran potencial en su desempeño laboral, por ello su compromiso se basa en el crecimiento personal y profesional de sus colaboradores y de ella misma.

---

[27] Daniel Colman (1995) La inteligencia emocional. Barcelona: Kairos.

Persuasiva:

La destreza de convencer o vender una idea. La lideresa de servicio debe ser suave pero tenaz en su liderazgo ya que no debe imponer. Asimismo, ella rompe con algunos estereotipos y aporta nuevas ideas para evolucionar. De esta manera la conceptualización de liderazgo persuasivo pudiese ser percibido como débil a causa de los prejuicios de mostrar interés en las necesidades de sus colaboradores. Sin embargo esta cualidad es benéfica en la influencia de una lideresa.

Comunicación:

Cuando una lideresa escucha, entabla un intercambio de percepciones, experiencias, conocimientos, sentimientos y creencias con sus colaboradores desarrolla la capacidad de una buena comunicación para realizar una visión satisfactoria y sobre todo ella crea relaciones poderosas en todas las áreas familiares, profesionales y laborales.

Colaboración y cooperación:

Un espíritu de colaboración, cooperación y cortesía distingue a una valiosa lideresa. La lideresa valora la necesidad de construir una comunidad en la que sus seguidores se comprometan, establezcan relaciones personales y laborales para crear un ambiente de armonía y confianza en su campo de trabajo.

Valores

Honestidad:

La honestidad es un valor que define la calidad humana de una lideresa.

Integridad:

Es la armonía de la mente y el corazón de una lideresa para actuar coherentemente de acuerdo a sus valores y principios.

Empatía:

Ubicarse en la posición de otra persona para comprender sus sentimientos y su perspectiva con la finalidad de guiar a la persona.

Transparencia:

Liderar con honestidad y comunicación directa genera creatividad y fomenta confianza en el equipo.

Ecuanimidad:

La habilidad de actuar en equilibrio; no dejarse dominar por las emociones.

Respeto:

La lideresa reconoce el valor de las personas y honra ese valor inherente en la palabra, acción y comportamiento.

Confianza:

La confianza es fomentada por la autenticidad de una lideresa. Esto significa ser consciente del mensaje que está comunicando a través de sus palabras y sus acciones.

Humildad:

Una lideresa humilde trata a todos con respeto, independientemente de su puesto o función. Tiene conciencia de sus habilidades y la confianza para reconocer sus propias debilidades.

Vulnerabilidad:

La lideresa fuerte delega funciones a sus colaboradores. Ella tiene la capacidad de apoyarse en su equipo para suplementar cualquier necesidad que ella no pueda resolver en ese momento, ya que este aspecto fortalece al equipo.

Lealtad:

Uno de los grandes logros de una lideresa comprometida y dedicada es llevar al éxito a sus seguidores fomentando la confianza y respeto como el eje de una relación empoderada.

Comportamientos que obstaculizan el liderazgo

En este apartado yo aporto herramientas imprescindibles que impulsan un liderazgo femenino para lograr promover las habilidades y valores que ayudan a convertirse en una lideresa influyente. Para ello se deben modificar hábitos perjudiciales que limitan el desarrollo de una gran lideresa.
A continuación se mencionan actitudes negativas que deben cambiar.

Hacer comentarios destructivos. El sarcasmo, el maltrato y minimizar a otras personas para sentirse superior destruye la imagen y liderazgo de un líder; ya que este comportamiento dificulta construir relaciones laborales, una cultura sana y un liderazgo servicial dentro de una empresa.

En este sentido investigué sobre la cultura de *Google y Microsoft* las cuales son corporaciones conocidas a nivel mundial que se enfocan en crear ambientes laborales positivos.[28] Empoderan a su equipo a asumir riesgos, aceptar el fracaso y aprender de los errores. Estas empresas son reconocidas por atraer el mejor talento alrededor del mundo por su cultura sana y liderazgo eficaz.

Una solución para corregir los comentarios destructivos consiste en identificar los factores que contribuyen a esta conducta (estrés, agotamiento laboral y chismes). Como líder es fundamental realizar encuestas anónimas al personal para conocer sus experiencias para crear una cultura transparente, amable, inclusiva y feliz en donde los seguidores tengan la confianza de compartir sus experiencias e ideas.

---

[28] https://www.microsoft.com/en-us/

No reconocer logros. En mi trayectoria como mentora he tratado casos en donde lideresas que ocupan puestos de gran responsabilidad tienen conflicto para promover sus propios triunfos. Durante mucho tiempo algunas lideresas han tomado el hábito de no hablar de sus habilidades y conocimientos profesionales debido a que no pretenden dar una imagen de superioridad. Cuando pregunto cómo promocionan su desempeño laboral, ellas contestan que no es necesario elogiar sus méritos, ya que según el trabajo habla por sí mismo.

Sin embargo, como mentora sugiero que la lideresa reconozca su valiosa capacidad ante sus superiores y equipo para que ellos acepten su contribución y trascendencia en el liderazgo. Para ello, la lideresa debe mantener conversaciones de desarrollo profesional con su superiores con la finalidad de obtener éxito dentro de su organización. Asimismo, la lideresa debe desarrollar una estrecha relación con sus colaboradores con el propósito de compartir sus contribuciones, los planes de desarrollo y crecimiento; de esta manera ella también es considerada para nuevos puestos, en los cursos de capacitación que le otorgan la oportunidad de ascender a nuevas posiciones de liderazgo.

No saber escuchar. Escuchar respetuosamente a un interlocutor abre nuestra mente y permite expandir horizontes y valorar las ideas, experiencias y perspectiva de otras personas. Las lideresas deben escuchar antes de contestar para comprender necesidades, responsabilidades y objetivos en común.

Recordando a Rosy

Rosy es una empresaria propietaria de una compañía inmobiliaria muy reconocida en su ciudad. Ella solicitó mis servicios como mentora con el propósito de reconstruir e identificar los obstáculos en relación con su socio y su equipo.

En nuestra consulta identificamos hábitos de comunicación que impiden la conexión en sus relaciones personales y laborales. Ella tenía el hábito de controlar y asumir las opiniones de sus colaboradores y sugerir palabras interrumpiendo las conversaciones deteriorando el éxito de su socio y de su equipo.

En el caso de Rosy descubrí que su problema se centraba en una deficiencia en su desarrollo personal, lo cual controlaba y carecía de habilidad para escuchar; sin embargo esta situación desagradable le dio la oportunidad de comprender la importancia de saber escuchar las opiniones de su equipo con paciencia. Actualmente, Rosy practica el arte de escuchar las opiniones y así fomenta una cultura de compartir ideas y sentirse escuchado para el logro de objetivos. Como mentora te invito a practicar el arte de saber escuchar con atención.

Minimizar actividades laborales. Al transcurso de los años he tenido el privilegio de dar mentoría a un gran número de lideresas que se distinguen en el ámbito laboral por dar lo mejor de sí cada día destacando sus habilidades, dedicación, sacrificio, tenacidad y su inexplicable resiliencia para el logro de objetivos laborales y personales.

De este modo, ellas están acostumbradas a trabajar arduamente 50 o 60 horas por semana y es por ello que no le toman importancia a su arduo trabajo minimizando su desempeño y contribución como lideresas. Así mismo, esta negación y minimización de desempeño obstaculiza la posibilidad de nuevas oportunidades y satisfacción laboral. Según RAE[29], minimizar significa reducir lo más posible el tamaño de algo o quitar importancia.

---

[29] https://dle.rae.es/minimizar

La minimización en las mujeres existe en situaciones, comportamiento y en la comunicación. Por nombrar algunos ejemplos de minimización: Agachar la cabeza cuando se sienten incómodas o con menos confianza, omitir los cumplidos o esconder los logros para evitar envidia, usar un lenguaje que minimiza su desempeño y contribución como ' No es nada', 'de nada', 'eso cualquiera lo hace'; dejar esta impresión en personas especialmente en el ámbito laboral no es beneficioso ya que esto manda un mensaje de inseguridad y obstaculiza nuevas oportunidad. Los líderes usualmente toman decisiones basadas en las fortalezas que ven en su equipo para ascender de posición. Para iniciar hoy tu transformación práctica la asertividad y acepta cumplidos respondiendo 'Gracias', 'es un placer', agradezco tu comentario'. El cambio no será inmediato pero la práctica te ayudará a seguir siendo una lideresa exitosa.

Falta de control emocional: Una lideresa se enfrenta a situaciones en el ámbito laboral y familiar donde es crucial dominar las emociones y carácter para destacarse como una lideresa eficaz e influir en otras personas positivamente. Es importante mencionar que las emociones son diseñadas para ayudar a enfrentar problemas y alertarnos en situaciones adversas. Por lo tanto, esencialmente se deben dominar las emociones. En ocasiones la falta de compostura se origina por la presión y el estrés o quizás falta de dominio cuando no se obtienen los resultados previstos. Las mujeres tienden a ser más expresivas en sus sentimientos buscando ser aceptadas, escuchadas, valoradas y por ello son más realistas e intuitivas. La ira; una emoción humana usualmente saludable que previene vivir en bienestar, no obstante al no ser gestionada causa destrucción en las relaciones laborales, personales.

Asimismo, la ira y berrinche empresarial no permite canalizar de manera adecuada o construir un ambiente laboral saludable. La ira es la respuesta a amenazas generadas en el ambiente laboral lo cual produce sentimientos intensos causados por la frustración, falta de comunicación, confrontación y conflicto.

Resulta importante identificar las emociones, no tomar las interacciones personales y usar las experiencias positivamente para alcanzar el éxito como una lideresa emocionalmente equilibrada. Basada en mi experiencia como mentora sugiero tomar un espacio de reflexión para poder gestionar la ira; en ocasiones es fundamental llevar la ira a la pluma y papel para organizar las ideas y después resumir una conversación saludable donde te permita expresar ideas con firmeza pero sin agresividad, así se fomenta una relación satisfactoria en el ámbito laboral. En este tiempo de reflexión se puede cuestionar ¿por qué estoy detonando? ¿Me siento criticada? ¿Siento que perdí el control?. Reflexiona ¿Por qué esto es un problema? ¿Será el ego el que se interpone en el éxito del liderazgo? Este tiempo de reflexión permite ser firme, comunicar las necesidades respetando a los demás y a ti misma. Las personas que permanecen molestas después de un largo período deben cuidar sus pensamientos y encontrar el lado positivo de la experiencia.

Poner el trabajo antes de la profesión. Susy asistió a mi consultoría debido a que laboraba durante 15 años en la misma posición; sin embargo sus colegas eran considerados para puestos de gran importancia y ella permanecía en el mismo puesto. Esta situación causó frustración y desaliento ya que su jefe no tenía conversaciones con ella para ayudar a comprender por qué no era considerada para nuevas oportunidades en la empresa y esto produjo un sentimiento de desvalorización.

Por la información que Susy compartió en nuestras consultas percibí que su jefe no era un líder eficaz porque un líder empodera a su equipo de trabajo e influye fomentando un ambiente laboral de crecimiento. En este caso identifiqué que Susy era una mujer eficaz en sus labores. Sin embargo su enfoque se limitaba en hacer correctamente sus labores y salir puntual de su oficina. Para ella lo más importante era estar presente en su trabajo, recibir su pago, asimismo no aportaba sus valiosas ideas en reuniones y no participa en conversaciones de interés para lograr otras oportunidades.

Las actitudes de Susy limitaron su ascenso laboral ella consideraba que únicamente trabajar con eficiencia le daría nuevas oportunidades dentro de la empresa como eran sus deseos. En el transcurso de nuestras consultas Susy tomó conciencia de su crecimiento profesional, sus habilidades y destrezas. Afortunadamente ella aprendió a comunicar claramente sus metas y ambiciones como profesionista tomando la responsabilidad de su desempeño laboral. También ella logró comunicarse claramente con su líder y así agregó valor de permanencia, valoración y desarrollo de su fuerza laboral; además fortaleció la relación con su líder. Por tanto, como mentora sugiero que se aprovechen las oportunidades de entablar una relación estrecha con los líderes para facilitar conversaciones sobre desarrollo e interés en la rama empresarial.

Inadaptable a las diferencias. Lo único constante en la vida y en el ámbito laboral es el cambio. La adaptabilidad en cualquier situación nos brinda la oportunidad aceptar diversas opiniones, cuestionar constructivamente, transicionar a proyectos nuevos y abrazar los cambios fácilmente para relacionarnos y lograr objetivos. En mi consultoría he analizado casos de profesionistas que se encuentran en un estancamiento profesional por la falta de adaptación laboral. Algunos empresarios tienen dificultad para colaborar y adaptarse a nuevos líderes, también a las estrategias eficaces así como a aspectos culturales y de innovación. Asimismo, se les complica cooperar con aquellos miembros del equipo que apoyan nuevos proyectos. Algunas de las causas que he identificado en mi consultoría de mis *mentees* son la arrogancia, salir del confort laboral, valores rígidos, falta de toma de riesgos, incomodidad con los cambios, el perfeccionismo obsesivo y problema de relación con las figuras de autoridad.

La actitud arrogante y defensiva de los *mentees* son los principales obstáculos para adaptarse al cambio. Las personas con estas características reciben menos retroalimentación y menos conocimiento, ellos no escuchan e interrumpen y perciben el cambio como una amenaza personal.

Sobre este aspecto propongo que la solución consiste en relacionarse positivamente con todas las ramas y respetar el organigrama jerárquico dentro de la empresa. Considero que la diplomacia y tacto profesional son elementos primordiales que se deben aplicar para adaptarse a los cambios e innovaciones laborales.

Atributos destacados en una lideresa eficaz y exitosa

- Un liderazgo multidireccional y multidimensional propiciando el desarrollo de valores y acciones colectivas.
- Liderazgo más firme, creativo y constante.
- Más comunicación, está abierta a las relaciones y escucha sin juzgar estableciendo relaciones más comprensibles.
- Establece políticas de cooperación, participación y relaciones interpersonales.
- Disponibilidad para innovar y ejercer cambios.

Lenguaje eficaz de una lideresa empoderada

Una lideresa con un vocablo edificante crea un clima laboral o personal positivo que le permite optimizar el ambiente laboral y relacionarse de una manera imaginable. Asimismo, te comparto palabras breves y cortas para liderar tu vida.

- Hola.
- Gracias.
- Por favor.
- Me equivoqué, discúlpame.
- Necesito ayuda.
- Dame tu opinión.
- Sigue adelante.
- Todo lo que hagas te saldrá bien.
- Tú puedes.
- Eres capaz.
- Eres un elemento muy importante para el equipo.
- Confío en ti.
- Hiciste un excelente trabajo.
- Sé que puedes hacerlo.
- Esto es lo que está sucediendo y lo que puedes esperar.
- ¿Cómo puedo apoyar tus metas personales?
- ¡Felicidades! Excelente trabajo.

Actividad personal

Responde las siguientes preguntas:

¿Qué aprendiste de este capítulo?

¿Qué herramientas utilizas para lograr el éxito?

¿Quién es el líder que admiras y por qué?

El liderazgo es influencia, nada más y nada menos

John C. Maxwell

Capítulo VII

La mentoría y el poder de las alianzas en la visión femenina

Un mentor te permite ver la esperanza dentro de ti

Oprah Winfrey

Durante el transcurso de mi vida me han acompañado diversos mentores, ellos me han aportado crecimiento personal y profesional. Desde mi punto de vista un mentor fomenta y facilita el desarrollo profesional y personal de sus *mentees*. Mis mentores me guiaron para tomar ciertas decisiones y ellos me ayudaron a desarrollar mis capacidades y gracias a sus enseñanzas pude enfocar mis estudios y establecer metas a través del método de retroalimentación para así lograr mi visión profesional. En cada etapa de mi vida he tenido un mentor o un *coach* que ha impulsado mi trayectoria. Mis mentores me han guiado con su sabiduría, experiencia, perspectiva y habilidades transformando mi forma de pensar, mi fe, mi desempeño profesional y empresarial.

En este apartado comparto herramientas de gran utilidad para conocer la sabiduría y la importancia de consultar un mentor como guía imprescindible.

¿Qué es un mentor?

Se conoce como mentor o mentora a la persona, que otorga conocimientos y experiencias, además, impulsa a creer en ti misma explorando y descubriendo el desarrollo de habilidades para lograr resultados de rendimiento, toma de decisiones, desarrollo personal y profesional; también el mentor genera confianza y modela comportamientos positivos, motiva e inspira. La mentoría consiste en una relación profesional del mentor y el *mentee* que guía al aprendiz a diseñar un trayecto apropiado para descubrir sus habilidades, definir su visión y valores humanos. Además, el *mentee* desarrolla conocimiento, habilidades y supera limitantes con la finalidad de obtener eficacia profesional y empresarial, así como desarrollo personal y espiritual. La más grande situación para los mentores, sin duda consiste en saber que sus *mentees* han conseguido grandes éxitos basados principalmente en el método de mentoría que cada mentor aplica en sus sesiones.

Diferencia entre *coaching* y mentoría

Resulta importante conocer la definición de *coaching* y mentoría antes de presentar las diferencias.

La responsabilidad del *coach* radica en la capacidad de concientizar la riqueza de los talentos del *coachee*.

Lucy Escobar

El *coaching* es una práctica más personal, en el desarrollo de talento, ya que implica una relación cercana y confidencial entre el *coach* y *coachee* o bien un grupo que es guiado por el *coach*.[30] El *coach* observa y escucha en un entorno seguro y de confianza en el que ofrece apoyo al individuo o grupo por medio de preguntas para tomar conciencia de su poder de decisión y buscar el cambio más eficaz para encontrar sus propios recursos y habilidades. Asimismo, el *coach* trabaja con el *coachee* o grupo para establecer objetivos personales o profesionales de rendimientos claros que puedan ser cumplidos de manera realista y que sean útiles en el proceso para descubrir sus capacidades para la toma de decisiones y acciones. La intervención de un *coach* es de suma importancia porque acompaña de manera cercana en el proceso de superar dificultades que se presenten. De esta manera el *coach* mide y da seguimiento al rendimiento del *coachee* o grupo ya que es imprescindible saber si el *coachee* se está acercando a la materialización de objetivos y de no ser así, él debe modificar su plan y compromiso.

---

[30] Wolk, Leonardo Coaching : El arte de soplar brasas - 2a ed. 5a reimp. - Buenos Aires : Gran Aldea Editores - GAE, 2007

Mentoría

La mentoría se define como un proceso continuo que proporciona orientación personal y profesional; idealmente la mentoría fomenta el ascenso laboral a través de una evaluación de un patrocinador o líder dentro de las políticas establecidas por la organización.

Técnicas de *coaching* y mentoría

La técnica de *coaching* se basa principalmente en el método de hacer preguntas, mientras que la técnica de mentoría otorga conocimientos. De esta manera tanto el *coaching* como la mentoría persiguen resultados positivos para el logro de desarrollo personal y profesional. El *coaching* se enfoca en rendimiento y concentración de objetivos de corto plazo, en tanto la mentoría se centra en la consejería para obtener un adecuado desarrollo de capacidades con la finalidad de alcanzar el éxito.

Modelos de mentoría

A continuación te presento algunos tipos de mentoría.

Mentoría uno a uno:
Se conoce como el tipo de mentoría tradicional de todos los tipos de mentoría. Solo el mentor y el aprendiz están involucrados en este tipo de mentoría donde el mentor aporta conocimiento y experiencia.

Mentoría grupales:
Este modelo tiene uno o más mentores trabajando con en un grupo de *mentees*.

Mentoría de pares:
Los participantes de este modelo de pareja se retroalimentan entre ellos.

Mentoría de distancia o electrónica:
Esta es la nueva revolución de la mentoría avanzada, la relación con el mentor ya no tiene que ser cara a cara; ambos se conectan virtualmente sin perder el acercamiento personal.

La relación con un mentor

El mentor y el *mentee* mantienen una relación basada en diferentes elementos que fomentan confianza, respeto, honestidad, comunicación abierta, flexibilidad, comprensión, resiliencia y perseverancia.

En mi experiencia de más de veinte años como mentora opino que la relación entre mentor y *mentee* tiene cinco pilares.

Pilar uno: Propósito

Sugiero visitar el análisis FODA en el capítulo IV para concientizar en qué área necesitas mentoría. La siguiente pregunta es una guía para tomar decisiones.

¿Por qué necesito un mentor?

Pilar dos: Compromiso

Elegir un mentor con experiencia implica que el *mentee* responsable trabaje con esfuerzo en las áreas precisas para alcanzar el éxito deseado.

Pilar tres: Planificación

Como mentora exhorto al *mentee* a desarrollar el plan de acción guiado por su mentor. Por ejemplo, mi metodología profesional consiste en: visión, plan, acción, mentoría y resultados de éxito.

Pilar cuatro: Reunión

El acompañamiento y la conversación entre mentor y *mentee* logra avances y posible modificación al plan de acción que está realizando el *mentee*. Ahora bien, yo considero que es de suma importancia llegar a esta reunión preparado con los objetivos claros.

¿Cómo estoy avanzando? ¿Qué acciones cumplí desde mi última reunión? ¿Qué deseo lograr en nuestra reunión?

Pilar cinco: Celebración

Como mentora he sido testigo del gozo del *mentee* al materializar los objetivos anhelados cumpliendo el plan de acción entre el mentor y el *mentee*.

Reflexión. Atrévete a continuar con la transformación hacia el éxito y comparte tu conocimiento.

¿Cómo seleccionar un mentor?

Desde mi experiencia de mentora sugiero elegir un mentor cuya vida infunda profesionalismo, experiencia, conocimiento, valores admirables para que te guíe a realizar una visión clara. En este sentido, el mentor realiza actividades en el campo empresarial, profesional, personal, espiritual o deportivo por mencionar algunos. El mentor se apoya en su experiencia y conocimiento con la finalidad de entender tus capacidades, debilidades, fortalezas y visión. Así el mentor guiará a diseñar un plan de desarrollo donde permita crecer y alcanzar la visión. Por ejemplo, en mi consultoría yo realizo un análisis profundo en estudios psicológicos que me permiten comprender la situación del *mentee* a resolver.

Cualidades de un mentor

Como mentora considero significativas las siguientes características y valores que te ayudarán a elegir un mentor eficiente.

- ♡ Primordialmente se enfoca en lograr el éxito del *mentee*.
- ♡ Experto en materializar los objetivos.
- ♡ Entusiasta y positivo.
- ♡ Carácter basado en valores.
- ♡ Comparte experiencias y fracasos.
- ♡ Se actualiza constantemente y se prepara diariamente.
- ♡ Se comunica de forma adecuada.
- ♡ Sin prejuicios.
- ♡ Fomenta el cambio de el *mentee* para que brille.
- ♡ Cuenta con una red de contactos extensa.
- ♡ Amabilidad y cordialidad.
- ♡ Posee inteligencia emocional.

♡ Compasivo.

♡ Práctica la retroalimentación.

♡ Promueve confianza.

♡ Honestidad.

♡ Integridad.

♡ Empatía.

♡ Desarrollo humano y profesional.

♡ Respeto.

Actividad personal de mentoría

¿En qué área de tu vida necesitas un mentor o coach?

¿Qué características son importantes para ti del mentor que te guiará hacia tu camino de éxito?

Tus acciones inspiran a otros a soñar más, aprender más, hacer más y ser mejores.

Jack Welch Jr

El poder de las alianzas en la visión femenina.
En este estudio del liderazgo, la mentoría y las alianzas han sido temas importantes para impulsar el éxito de las mujeres, aunque también estos tópicos son de gran utilidad para que los hombres alcancen el éxito.

Si quieres ir rápido camina solo, si quieres llegar lejos construye alianzas.

Lucy Escobar

En mi actividad como mentora, conferencista y capacitadora mi experiencia se centra en amplios temas de liderazgo, desarrollo personal, profesional, empresarial y espiritual por mencionar algunos. En mi oficina trabajo con un gran número de mujeres profesionales que prefieren negociar alianzas estratégicas con hombres y no con mujeres; debido a que ellas cuando ocupan un puesto de poder eligen colaborar con hombres expresando que las alianzas con otras mujeres son 'dramáticas y rudas'. En mi opinión considero importante hablar de este tema porque es de suma importancia trabajar colectivamente estableciendo alianzas estratégicas relacionándonos con todos los géneros.

Según estudios de la profesora Allison Gabriel de la Universidad de Arizona revelan que el llamado Síndrome de Abeja Reina *'Queen Bee'* es muy real; las mujeres en puestos superiores son más críticas con mujeres en puestos inferiores y prefieren trabajar con hombres, esto sucede específicamente en mujeres con puesto de autoridad en un entorno dominado por los hombres.[31] Las mujeres con este síndrome hablan negativamente de otras mujeres, su vocabulario es agresivo y humillante, consideran a otras mujeres su competencia, son pasivas agresivas, pierden amigos fácilmente y desean alcanzar el éxito a cualquier precio. En ciertos ámbitos laborales ser femenina es visto como una debilidad, por ello el Síndrome de Abeja Reina obliga a la mujer a abandonar su esencia femenina para ascender a puestos de poder. Al respecto, en mi experiencia he observado este síndrome manifestado en mujeres que ocupan puestos corporativos, empresariales y comunitarios.

En este sentido, yo proporciono estrategias claves que te ayuden a identificar a los colaboradores para establecer alianzas poderosas y así trabajar en proyectos de importancia que impacten positivamente a la sociedad y al entorno.

Las alianzas personales y profesionales

Las alianzas se establecen entre dos personas o más cuyos valores, confianza e intereses tienen similitud y se fortalecen a través de sus proyectos. El propósito principal de esta relación consiste en colaborar en un mismo fin por medio de acuerdos entre las personas que conforman las alianzas.

[31] https://news.arizona.edu/story/incivility-work-queen-bee-syndrome-getting-worse

En mi experiencia profesional como mentora he identificado algunos factores que impiden fomentar alianzas para alcanzar el éxito.

- ♡ Amargura.
- ♡ Ira.
- ♡ Orgullo.
- ♡ Vanidad.
- ♡ Altivez.
- ♡ Desconfianza.
- ♡ Egoísmo.
- ♡ Ego.
- ♡ Rencor.
- ♡ Victimización.
- ♡ Murmuración.
- ♡ Vulnerabilidad.
- ♡ Impaciencia.
- ♡ Baja autoestima.
- ♡ Comunicación.
- ♡ Envidia.
- ♡ Síndrome de Abeja Reina.

¿Cuáles factores identificas y cómo puedes mejorarlos?

La influencia de la tecnología en las alianzas

Cuando el brote de COVID-19 surgió y las ciudades cerraron por órdenes gubernamentales; quedarse en casa fue obligatorio en todos los continentes. La tecnología ha traído cambios relevantes en diversas actividades empresariales como trabajar en casa, reuniones sociales y religiosas virtuales, acondicionamiento físico a través de diferentes plataformas así como escolaridad en línea y citas médicas. Por este motivo las alianzas hoy día son extensas y muy útiles para la sociedad.

De esta manera la tecnología ha permitido cambios importantes en mis actividades de mentoría y *coaching* durante la pandemia actual. Por ejemplo, mi participación en *Clubhouse* me ha dado la oportunidad de crear alianzas profesionales alrededor del mundo, así como adquirir conocimiento a nivel universitario en diferentes ramas del saber humano.

Clubhouse es una nueva aplicación que cuenta con un nuevo tipo de red audio social donde en la actualidad la suscripción es gratuita. Yo soy miembro de *Clubhouse*, mi nombre de perfil es Lucy Escobar y soy fundadora del club 'Capacitando Líderes' búscame en *Clubhouse* cuando descargues la aplicación gratuita. Se abren salas recurrentes en el club ' Capacitando Líderes' para compartir temas sobre la temática de desarrollo personal, profesional, liderazgo y empresarial. Las alianzas que he establecido en *Clubhouse* tienen el cargo de moderar la interacción con los miembros participantes compartiendo su conocimiento.

A continuación presento el perfil de algunas de las alianzas que forman parte del club.

Raquel Cruz Ramirez
País de origen: República Dominicana.
Profesión: Psicóloga, comunicadora y maestra de instrumentos de percusión. Su pasión consiste en el desarrollo humano, espiritual y profesional. A esta joven de fe le encanta compartir su conocimiento y aprender de los demás, aparte de sonreír porque la vida es más bonita cuando sonreímos, dice Raquel.

Gustavo Piceda

País de origen: Argentina.

Profesión: Capitán de Ultramar. 15 años navegando en la empresa estatal ELMA y 20 años en una terminal containera como planificador de operaciones. Profesor nacional de tenis y *coach* nacional de tenis. Masajista profesional, deportivo y auxiliar de kinesiología.

Gustavo es un hombre feliz que evoluciona todos los días y es amante de los desafíos.

Silvia Carrasco Palmer

País de origen: Argentina.

Profesión: Licenciada en sistemas y recientemente se dedica al Marketing Digital administrando 45 grupos por *Whatsapp*. Silvia es una mujer que admiro por su profesionalismo, valores y su amor propio. El mentor más importante en su vida fue su padre. Ella es madre de dos hijas divinas, tiene dos nietos, le encanta compartir contenido de valor en *Clubhouse*.

Keyla Grisel Avilés

País de origen: Puerto Rico.

Profesión: Maestra, voluntaria a motivar pacientes con problemas renales, sembrando semillas de esperanza para continuar hacia adelante. Actualmente se prepara como *coach* ontológico con la finalidad de servir con herramientas de utilidad y vencer el desafío. Keyla opina que vencer el desafío es una bendición que ayuda a identificar el propósito de vida y así desarrollar el potencial.

Rafael Luengas Herrera

País de origen: México.

Profesión: Psicología y Administración.

CEO de Quantum Consultores, consultor en capacitación y formador en capital humano.

Únete al club Capacitando Líderes y conoce a cada uno de mis aliados en *Clubhouse*.

Estrategias clave

Mantener alianzas estratégicas es clave para alcanzar éxito personal y profesional; además de captar oportunidades y visibilidad social alrededor del mundo para conseguir clientes potenciales y relaciones intencionales. Las alianzas permiten crear un ambiente de confianza y cooperación mutua para establecer comunicación efectiva.

Algunos profesionales establecen alianzas colaborativas, productivas y eficaces para alcanzar beneficios en común como: análisis de diferentes enfoques colectivos, resolución de problemas, consultoria para materializar la visión propuesta, proporcionar recursos intelectuales, académicos, financieros, emocionales y espirituales, comunicación sana y por último, una opinión de perspectiva diferente para materializar los objetivos propuestos y fortalecer relaciones estratégicas.

Sugerencias para alianzas entre líderes

♡ Definir visión estratégica.
♡ Selección de socios colaborativos para lograr los objetivos previstos con características necesarias.
♡ Examinar a los aliados con la finalidad de evaluar su estilo de trabajo, lealtad, sinceridad y su compromiso a impulsar el valor mutuo y la visión.
♡ Identificar y presentar a los participantes.
♡ Planificar objetivos y metas en común.
♡ Formalizar expectativas laborales (proyecto de trabajo).
♡ Establecer una forma de comunicación efectiva.
♡ Desarrollar un sistema de resolución de conflictos.

La edificación de alianzas estratégicas requieren tiempo para desarrollarse, analizarse y mantenerse a largo tiempo. No hacer juicio es importante y ser paciente beneficia materializar objetivos. 'Si quieres llegar lejos construye alianzas'.

¿Cómo crear alianzas estratégicas en la visión femenina y masculina?

El empoderamiento femenino es un objetivo de suma importancia para lograr el desarrollo sostenible de una sociedad. Es predecible recalcar el valor inherente que la mujer tiene en la sociedad como ya se ha mencionado en anteriores capítulos del libro *Atrévete a ser una mujer exitosa*. Las mujeres son valiosas y exitosas sin necesidad de adaptar el síndrome de la abeja reina.

La visión masculina, así como la visión femenina juegan un papel primordial en la sociedad. Por ello resulta relevante crear un mundo donde todos los hombres y las personas puedan expresar plenamente sus dones personales y profesionales sin importar el género. Tal autenticidad solo se puede sostener con un trabajo colectivo y fortaleciendo los valores.

Recordando a Miguel

Miguel es un empresario propietario de una corporación de construcción muy reconocida en su ciudad por su servicio e integridad. Miguel es admirable por la forma en que establece alianzas porque se relaciona tanto con sus empleados como con personas influyentes, siempre atento a las necesidades de ellos. Miguel menciona que todos somos importantes sin considerar el género que poseemos, estado económico o profesión. Para Miguel el respeto y los valores tienen prioridad porque transforman la vida de los seres humanos.

Con el ejemplo de Miguel llegamos a la conclusión que este libro debe ser leído por todos los géneros tanto femeninos como masculino. En ocasiones algunas mujeres desean abogar por su independencia, ser libres de su tiempo y luchar por ellas mismas y por los derechos de otras mujeres, este hecho es digno y necesario. Busquemos el derecho de la equidad y no de género, así en unidad crearemos una sociedad sostenible y sana.

Así como hay mujeres que se atreven a ser exitosas también hay hombres que alcanzan el éxito desde la antigüedad hasta la actualidad.

Actividad personal de alianzas

Reflexiona sobre las siguientes preguntas para crear alianzas estratégicas.

¿Cómo te beneficias al establecer alianzas?

¿Por qué es importante la alianza para ti?

Identifica quién puede ser tu aliado.

Nombre de aliado/s	Fecha a contactar

¿Cuál es tu plan para examinar estas alianzas?

Los mentores son nuestros guías, ellos ven cosas que nosotros no vemos.

Mark Zuckerberg

Capítulo VIII

Mujeres exitosas en la actualidad: vida y obra

En el presente capítulo se expone la trayectoria de maravillosas mujeres que han aportado al mundo significativos conocimientos científicos, artísticos, históricos, literarios y tecnológicos durante los siglos XX y XXI. Cada una de ellas ha sido notable en su especialización; pionera en su actividad creativa, brillante en su imaginación, firme en sus creencias y única en su personalidad y calidad humana.

En el libro *Atrévete a ser una mujer exitosa* quiero hacer un reconocimiento a algunas mujeres que debido a sus valiosas contribuciones a la humanidad han sido condecoradas con apreciables distinciones como el **Premio Nobel**, el **doctorado *honoris causa***, el ***Grammy***, el título de ***Prima Ballerina*** y otros. El éxito meritorio que estas mujeres han alcanzado ha sido para ellas mismas, aunque también para la sociedad en su conjunto.

Cabe mencionar que estas mujeres son representantes de diversas culturas y su aportación ha trascendido a la universalidad, ya que en sus obras expresan sabiduría, valores, emociones y una impresionante sensibilidad de ideas originales. Si bien, se puede escribir uno o más libros acerca de la vida personal de cada una de ellas; en este libro mi objetivo consiste en realizar un estudio acerca de su particular visión de percibir y comunicar la experiencia de una mujer exitosa.

En las páginas de la historia de la ciencia destaca *Madame* Curie.

Marie Curie

Fue una física polaca naturalizada francesa. Nació en Varsovia, Polonia en 1867; realizó sus estudios en su país de origen, y en 1891 se trasladó a París para matricularse en la Universidad de la Sorbona donde consiguió dos licenciaturas: una en física y otra en matemáticas; ella se doctoró en 1903 con un trabajo pionero sobre radiactividad, en el que participó su esposo Pierre Curie, quien fue un célebre académico de la Sorbona (Cruz y García, 2015: 56). Del trabajo doctoral de Marie Curie se destaca el aislamiento de dos elementos radiactivos; el primero se nombró *'polonio'* en homenaje a su país natal y el segundo es conocido como *'radio'* debido a la intensa radiactividad. Resulta interesante saber que esta mujer científica y exitosa presentó todas sus investigaciones sin fines de lucrar con ellas a través de patentes (Cruz y García, 2015: 57).

Curie recibió en 1903 el premio Nobel de Física, junto con Pierre Curie y Henri Becquerel (descubridor de la radiactividad). Ella fue la primera mujer que obtuvo tal galardón; sin embargo, ella nunca permitió que la fama restara concentración en sus investigaciones. En 1906 falleció Pierre y a pesar de que Marie se afectó gravemente por la pérdida de su esposo, rechazó una pensión vitalicia; en su lugar tomó las responsabilidades docentes de su difunto marido; así se convirtió en la primera mujer en impartir clases en la Sorbona (Cruz y García 2015: 57-65).

En 1911 esta brillante mujer recibió el premio Nobel de Química, así, ella se distingue por ser la primera mujer en recibir dos premios Nobel en diferentes campos. Esta notable científica murió en Francia en 1934, a causa de una anemia aplásica, posiblemente ocasionada por las radiaciones a que se expuso en sus trabajos y los efectos dañinos eran desconocidos en esa época (Cruz y García 2015: 57-65).

En 1995 los restos del matrimonio Curie se trasladaron al Panteón de París. En el frontispicio se grabó con letras doradas: *"Aux grands hommes la patrie reconnaissante"* ("A los hombres de grandeza, la patria agradecida"). Cabe señalar que *Madame* Curie fue la primera mujer que descansa en el panteón parisino por sus propios méritos (continúa siendo la única hasta el día de hoy). En honor a los éxitos de Marie y Pierre, se nombró 'curio' a un elemento sintetizado en la Universidad de Berkeley. Además, durante bastante tiempo se utilizó el curie (*Ci*) como unidad de actividad. Por decreto del Sistema Internacional de Unidades, los curies se sustituyeron por la unidad denominada *"becquerel* (*Bq*). Sin embargo, en la práctica el becquerel ha tenido una limitada aceptación; Seguramente, la mayoría de los físicos se oponen a olvidar a la admirable *Madame* Curie, una mujer científica, humanista y exitosa (Cruz y García 2015: 57-65). Sin duda, *Madame* Curie se caracteriza por su erudición y calidad humana.

Actualmente las bellas artes se agrupan en siete disciplinas: la literatura, la arquitectura, la pintura, la música, la danza, la escultura y, desde el siglo XX, se incluyó al cine.

El siguiente apartado se centra en la figura de Simone de Beauvoir y en su aportación literaria sobre su visión particular acerca de la feminidad, de la libertad y del éxito de la mujer en su vida cotidiana.

A las mujeres no les corresponde afirmarse como mujeres sino convertirse en seres humanos completos

Simone de Beauvoir

Simone de Beauvoir

(1908-1986) Escritora, profesora y filósofa francesa; pricipalmente *El segundo sexo* (1949), y *La mujer rota* (1967) dos de sus numerosas obras, se convirtieron en fundamentos de la reflexión existencial sobre la condición de la mujer en el mundo.

En este contexto, Karine Tinat en su artículo intitulado "La Biografía ilusoria de Simone de Beauvoir" señala muy atinadamente que en la obra de Simone se distingue su vida y su obra, dos pilares esenciales en su producción literaria, ya que la autora expresa su propia visión de su vida en gran parte de sus textos publicados, en este sentido, ella 'hizo de su vida una obra', como lo han realizado diversos personajes célebres de la literatura universal (Tinat, 2009: 755).

En sus escritos autobiográficos Beauvoir transmitió constantemente el mensaje de que su vida alcanzó una trayectoria de desarrollo como una mujer fuerte emocional e intelectualmente; su obra y su personalidad han sido criticados con fastidio y enojo. Sin embargo, un número infinito de lectores ha disfrutado y sigue alegre, soñando a través de su narración potente, inspirada en acciones reales concretas, así como en decisiones tomadas con visión y firmeza (Tinat 2009: 756).

Como toda adolescente Simone disfrutaba la libertad paseando a solas. La joven atravesaba por un periodo tormentoso en el que sintió las transformaciones corporales de la pubertad, como las mujeres de su edad, también, le inquietaba un cuestionamiento sobre los valores espirituales inculcados desde su infancia. Simone describe la situación complicada en esos momentos de su vida, y dice: mi serenidad conoció un eclipse durante el último año de la primera guerra mundial. En casa no se desperdiciaba nada: ni un pedazo de pan, ni ocasión de comer gratis. De esta manera, la vulnerabilidad corporal propia de la pubertad, se correspondía con la fragilidad familiar.

Sin embargo, durante estos años de inestabilidad (1920-1925) Simone asumió con certeza las grandes decisiones de su vida: 'formar espíritus y almas' y ser profesora. Así, ella optó por no casarse; así, Simone dio una nueva perspectiva al destino del matrimonio de toda mujer de su clase social, o de cualquier otra clase (Tinat, 2009: 764). En este sentido, se sugiere que ella se dedicó a ella misma para llevar a cabo su proyecto de vida como una mujer independiente y estudiosa, con la finalidad de transmitir sus conocimientos intelectuales y trascender como una escritora famosa y una mujer exitosa.

En 1924, Simone se graduó con gran éxito en sus estudios de bachillerato; más adelante, se inscribió en la Facultad de Filosofía de La Sorbonne. Al mismo tiempo, realizó un curso de matemáticas generales en el Instituto Católico, además tomó clases de letras francesas en el Instituto Sainte-Marie de Neuilly.

Producción literaria

Después de publicar *El segundo sexo* en 1949, más tarde en 1954 se dio a conocer la obra *Los mandarines* -dos obras magistrales- En esta novela se habla sobre las esperanzas y las ilusiones perdidas de un grupo de intelectuales de izquierda ocasionadas por la post-guerra, el tema contribuyó a que *Los Mandarines* tuviera gran aceptación entre los lectores. En el mismo tenor crítico y político, Beauvoir redactó los artículos para *Combat*. En este libro ella describe a la sociedad estadounidense de la posguerra, principalmente se centra en las crisis, como las desigualdades sociales y el racismo (Tinat, 2009: 774-779).

En 1966 Beauvoir publicó *Las bellas imágenes* y en 1968 *La mujer rota*, esta novela junto con *La edad de la discreción y Monólogo* retratan a mujeres que se debaten entre las verdades y las mentiras de las palabras, la soledad y el fracaso (Tinat, 2009: 788). Entre sus últimas obras destacan: *La plenitud de la vida. autobiografía 2* y *La vejez*, este libro contesta las siguientes interrogantes: ¿en qué consiste envejecer? ¿qué es lo que implica en nuestras sociedades?, ¿se trata de un destino inevitable o es el resultado de actos humanos modificables? De esta manera, Beauvoir intentó evidenciar las mentiras, los silencios y los maltratos que rodean esta etapa de la condición humana. A partir de 1970, Beauvoir se enfocó en problemas específicos de las mujeres. Ella opinaba que las mujeres debían formar y conducir su propio destino sin esperar progresos de algún sistema económico o político. En 1974, la escritora fue nombrada presidenta de la *Ligue du Droit des Femmes*; entre otros propósitos, protestó contra toda discriminación hacia las mujeres (Tinat, 2009: 790-792).

Aunque Beauvoir escribió en 1949 *El Segundo Sexo*, el nuevo feminismo empezó a surgir a mediados de los años sesenta y floreció a través de acciones concretas en los años setenta. Durante este decenio y hasta su muerte, Beauvoir fue ampliamente requerida por las feministas tanto francesas como extranjeras. El legado de Simone de Beauvoir se distingue por ser la obra la más grande sobre la condición femenina; sus convicciones feministas eran reales y sólidas y su reconocimiento y su prestigio merecido gracias a las acciones defensoras y a sus libros escritos que representan a la mujer entusiasta y plena (Tinat, 2009: 793).

> Simone de Beauvoir escribió partiendo de una búsqueda por la libertad propia y en el camino descubrió que la respuesta está en la libertad universal.[32]

La danza es otra de las bellas artes, en este contexto se presenta la obra de una reconocida *Prima Ballerina* del Ballet Ruso.

[32] https://gatopardo.com/arte-y-cultura/simone-de-beauvoir. [Consultado 17 febrero 2021].

Anna Pavlova

Fue una de las máximas exponentes del ballet clásico ruso. Cuando Anna tenía ocho años de edad su madre la llevó al teatro a ver la puesta en escena de la "Bella Durmiente", desde ese momento ella decidió estudiar ballet en la escuela del Ballet Imperial y en 1906 se convirtió en la Prima Ballerina del Ballet Ruso.[33]

El 31 de enero de 1882 en San Petersburgo nació Pavlova, era una niña enferma; su madre estaba preocupada por la salud de su hija, y decidió enviarla con su abuela al campo, en Lenovo. En el campo Pavlova se enamoró de la naturaleza, este amor influyó en su interpretación de "La Libélula, La amapola de California, Hojas de otoño" y otros personajes. Así, logró convertirse en una bailarina de fama mundial.[34] Entre sus primeros maestros destacan Ekaterina Vazen, Pavel Guerdt, el sueco Christian Johansen y el francés Marius Petipá.

En 1905 Pavlova fue invitada a participar en una gran función benéfica, su amigo Michael Fokin sugiere 'El cisne', obra del célebre músico francés Camille Saint-Saens. De inmediato Fokin, compone y crea esta obra especialmente para ella. Así nace el 'solo' del ballet más famoso de todos los tiempos, La Muerte del Cisne. En esta representación Pavlova obtiene un éxito inusitado, por lo que las autoridades del Teatro Mariinsky le otorgan el papel principal en la obra 'El lago de los cisnes'; ballet en cuatro

---

[33] https://www.britannica.com/biography/Anna-Pavlova. Para conocer ampliamente la trayectoria de Anna Pavlova, se sugiere consultar el artículo publicado por Kathrine Sorley Walker. The Editors of Enciclopaedya Britanicca. [Consultado 21 de febrero de 2021].

[34] https://www.danzaballet.com/anna-pavlova-1882-1931/ [Consultado 19 de febrero 2021].

actos, con música del ilustre compositor ruso Piotr I. Tchaikovsky. En 1906 Anna Pavlova fue nombrada *prima ballerina*. En el mismo año contrajo matrimonio con el barón Víctor Emilovith Dandre, quien fue su representante artístico y organizador de sus giras. Después de la muerte de Anna, su esposo escribió el libro que constituye la mejor biografía de la inolvidable prima ballerina.

Pavlova formó su propia compañía en 1911 y realizó su primera gira a Riga, la capital de Letonia en 1907; en el escenario la acompañó Adolph Bohn, como *partenaire*. Posteriormente viajó a Helsingfors, cerca de Estocolmo, Suecia, donde el rey Oscar le confirió la Orden Sueca del Mérito en Arte. También se presentó en los teatros de Copenhague, Leipzig, Praga, Berlín y Viena, donde el público colmó de flores el escenario. Durante varios años sus viajes continuaron conquistando con su arte el mundo entero. El 28 de febrero de 1910 se presentó por primera vez en el Metropolitan Opera House, de Nueva York, con el ballet 'Coppelia', en esta ocasión su pareja fue Michael Mordkin. En el escenario del ballet su triunfo fue absoluto.

Entre su interpretaciones más sobresaliente se encuentran: Giselle (cursiva), El lago de los cisnes (cursiva), Las sílfides (cursiva), Don Quijote, (cursiva) Coppelia (cursiva) y el solo de La muerte del cisne, (cursiva) esta última obra creado por el coreógrafo Michael Fokin.

En abril de ese mismo año Anna inició una temporada en el Palace Theatre de Londres, continuó hasta agosto. Durante cinco años renovó una temporada anual en el mismo teatro de la capital inglesa. Pavlova conquistó al público londinense desde su primera presentación. En 1913 hizo sus últimas representaciones en San Petersburgo, debido a una larga gira por Estados Unidos y Canadá.

Al finalizar la gira por América del Norte, en mayo de 1914, Pavlova estuvo por última vez en Rusia. Al estallar la Primera Guerra Mundial (1914-1918) ella se encontraba en Alemania y regresó a Inglaterra. En septiembre viajó por barco a Estados Unidos para iniciar una nueva gira. En Estados Unidos Pavlova tenía buenos amigos, entre ellos Mary Pickford, Douglas Fairbanks y Charlie Chaplin, quienes la convencieron a filmar sus danzas. En una película filmada en 1912, se aprecia su gran estilo y personalidad, así como el magnetismo que atraía al público. Entre su interpretaciones más sobresaliente se encuentran: Giselle, El lago de los cisnes, Las sílfides, Don Quijote, Coppelia y el solo de La muerte del cisne, esta última obra creado por su el coreógrafo Michael Fokin.

Esta famosa bailarina presentó algunas de sus obras en México, Brasil y Argentina, entre otros países de América; al terminar la guerra reanudó sus giras por toda Europa y por el mundo; ella visitó India, Malasia, Japón, Egipto, Sudáfrica, Austria y Nueva Zelanda, entre otros. En enero de 1930 Anna Pavlova realizó la última gira de su vida por Europa. *La prima ballerina* bailó en el sur de Francia, Suiza, Alemania, Dinamarca, Suecia, Noruega y finalmente en París.

La muerte de Anna Pavlova provocó una enorme tristeza, en el mundo artístico y sobre todo en los escenarios del ballet clásico; según las fuentes escritas, en esos momentos surgió una inquietud juvenil, ya que algunas bailarinas adolescentes llegaron a creer que el alma de Pavlova había transmigrado en sus cuerpos.

La prima ballerina rusa Anna Pavlova, murió en 1931, a los 49 años de edad. Ella brilló como una gran estrella sin cesar durante 32 años, desde el invierno de 1899 en que recibió su título de Bailarina por parte de la de Academia Imperial de Ballet de San Petersburgo, en el Teatro Mariinsky. Pavlova representó durante 25 años 'La muerte del cisne', en los escenarios más prestigiosos del mundo. Ahora el cisne moría una vez más, aunque en esta ocasión moría para siempre. No obstante, su gracia, calidad y

excelencia permanece en el universo como la máxima representante del ballet clásico ruso.[35]

A continuación se expone otra de las bellas artes, la pintura, con la
obra de una de las más exitosas pintoras mexicanas del siglo XX.

Pies para qué los quiero,
si tengo alas pa' volar

Frida Khalo

Frida Khalo

Nació el 6 de julio de 1907 en la ciudad de México, fue una
pintora mexicana, esta mujer trascendió como una de las pintoras más admirables de la historia, y también como un referente
social y cultural de México y del mundo, debido a su amor por
la vida, por el arte, por la política y sobre todo por el cariño a las
tradiciones mexicanas.[36]

En su niñez Frida padeció poliomielitis, enfermedad que la
obligó a permanecer nueve meses en cama; esta afección causó

[35] https://www.danzaballet.com/anna-pavlova-1882-1931/

[36] https://historia.nationalgeographic.com.es/a/nacimiento-frida-kahlo-mito-siglo-xx_14468 [Consul-
tar el artículo de National Geographic].

que su pierna derecha quedara más corta. En 1925, cuando ella tenía 18 años, el autobús en que viajaba fue arrollado por un tranvía; en este accidente Frida resultó gravemente afectada de la columna vertebral; ella no caminó durante tres meses, y se sometió a varias cirugías. Sin embargo, esta situación no le impidió pintar; utilizaba un caballete especial que le facilitaba pintar estando en cama, además un espejo colocado en la parte superior le permitía verse a sí misma. De esta manera, los primeros cuadros que ella pintó fueron autorretratos, así surgió una de sus frases: "Me retrato a mí misma porque paso mucho tiempo sola y porque soy el motivo que mejor conozco" (Trujillo, 2018: 1-2).

En virtud de su inmovilidad durante varios meses, Frida comenzó a pintar, y así fue como se relaciona con varios artistas, como la fotógrafa italiana Tina Modotti, el reconocido artista Diego Rivera, notable muralista mexicano; en 1929 Frida se casa con Diego en el Registro Civil de Coyoacán (Poniatowska 2015: 145); el matrimonio se instala en la Casa Azul (actualmente Museo Frida Khalo) hogar de la infancia de Frida, así como en el estudio de Diego, ubicado en San Ángel, en la Ciudad de México. Kahlo y Rivera también radicaron en Cuernavaca y en algunas ciudades de los Estados Unidos: Detroit, San Francisco y Nueva York (Trujillo, 2018). La relación amorosa entre Frida y Diego fue apasionada y creativa. Asimismo, los conflictos frecuentes derivados de las infidelidades del pintor. Los artistas se divorciaron en 1939, aunque nuevamente se casaron un año después y permanecieron juntos hasta la muerte de Frida en 1954 (Ochoa 2018: 2).

Frida impartió clases en la Escuela Nacional de Pintura y Escultura conocida como 'La Esmeralda'. Resulta interesante saber que Frida otorgó una alta estima al arte de raíces mexicanas en su arte, en su vida cotidiana, en su lenguaje, vestimenta y decoración de su casa. Sin duda, esta atención se refleja en su extraordinaria obra.

Frida afirmaba que a diferencia de los pintores surrealistas, ella no pintaba sus sueños, sino su realidad. En su obra sobresalen los autorretratos realizados con la técnica del retrato fotográfico, ella aprendió este método de Guillermo Kahlo, su padre (Trujillo, 2018: 2).

Se consideran obras emblemáticas: Las dos Fridas, Viva la Vida, Unos cuantos piquetitos, La columna rota, El abrazo de amor de El Universo, la tierra (México), Yo, Diego, Diego en mi pensamiento y el señor Xólotl; además Autorretrato con traje de terciopelo, Autorretrato con mono, Autorretrato con monos, Autorretrato con changuito y collar de serpientes, Autorretrato con collar de cuentas redondas de jade, Autorretrato con collar de espinas y colibrí, Autorretrato como tehuana, Autorretrato con medallón, Autorretrato con pelo suelto, Autorretrato con pelo cortado; así como sus corsés, vestuarios, accesorios, su diario y correspondencia personal; no obstante ponemos a su consideración esta propuesta (Ochoa, 2018:4-8).

Frida colaboró en exposiciones muy prestigiadas, en Nueva York tuvo su primera exposición individual en la galería Julien Levy; también participó en exposiciones colectivas, en París en la galería Rue et Colle y en México en la galería de Lola Álvarez Bravo. Asimismo, la artista presentó sus cuadros en la Exposición Colectiva de Surrealismo en la distinguida Galería de Arte Mexicano. En 1939 la autora recibió una invitación para exhibir parte de su obra en el Museo de Louvre en la exposición *Mexique* (Ochoa, 2018: 3). Vale la pena mencionar que esta muestra ocasionó que el museo parisino obtuviera "El Marco", de Frida Kahlo, este autorretrato fue la primera obra que adquirió el Museo de Louvre de una artista mexicana del siglo XX.[37]

---

[37] https://chiapashoy.com.mx/curiosidades/el-marco-de-frida-kahlo-primera-obra-de-un-mexicano-que-adquirio-louvre/

En 1941 el Instituto de Arte Contemporáneo de Boston incluye a Frida en la muestra Pintores modernos mexicanos, y en 1943 el Museo de Arte de Filadelfia en Arte mexicano de hoy. En México, la artista interviene en 1940 en la Exposición Internacional de Surrealistas presentada en la Galería de Arte Mexicano de Inés Amor, en 1947 en Cuarenta y cinco autorretratos de pintores mexicanos: Siglos XVIII al XX en el Palacio de Bellas Artes de 1947, y en 1949 en la exposición inaugural del Salón de la Plástica Mexicana. La artista también se integró al Seminario de Cultura Mexicana como miembro fundador en 1942, y como maestra en la escuela de artes plásticas "Escuela Nacional de Pintura, Escultura y Grabado": La Esmeralda en 1943; en donde algunos de sus alumnos conforman el colectivo "Los Fridos". La única exposición individual en vida en México fue inaugurada en 1953, en la Galería de Arte Contemporáneo de Lola Álvarez Bravo, el año previo a su muerte (Ochoa 2018: 4-8).

El 13 de julio de 1954 Frida falleció a los 47 años de edad. La ceremonia solemne tiene lugar en el Palacio de Bellas Artes; al evento asistieron personalidades como el presidente Lázaro Cárdenas, Heriberto Jara, el distinguido pintor David Alfaro Siqueiros, Lola Álvarez Bravo, el extraordinario muralista Juan O´Gorman, Efraín Huerta, Guadalupe y Ruth Rivera (hijas de Diego), María Asúnsolo, entre otros personajes (Ochoa, 2018; 7).

La trascendencia de Frida llegó a la cinematografía; la película, *Frida: naturaleza viva*, del cineasta mexicano Paul Leduc. Una de las mejores actrices mexicanas Ofelia Medina en el papel de Frida y Juan José Gurrola en el de Diego. Película ganadora en 1985 del Ariel –premio cinematográfico mexicano- El premio a la mejor película del año, entre ocho nominaciones. Años después, en 2002 se estrena la película: *Frida*, versión de la cineasta estadounidense Julie Taymor, esta cinta fue ganadora de seis premios Óscar, la actriz mexicana Salma Hayek fue nominada como mejor actriz por la caracterización de Frida. Hayek obtiene la misma distinción en los Globos de Oro y en los premios BAFTA, del Reino Unido (Ochoa, 2018; 7).

Asimismo, historiadores de arte de varias partes del mundo han escrito biografías y esbozos biográficos, ensayos y artículos; a partir de distintas perspectivas. Las exposiciones nacionales e internacionales dedicadas a su Frida son innumerables. Seguramente Frida Kahlo representa un referente cultural que ha devenido como ícono de la visión femenina mexicana (Ochoa, 2018; 8). Frida escribió en su diario:

⚬ 'Espero alegre la salida y espero no volver jamás' ⚬

Ella se fue… pero pervive en su magnífico arte.

Una prueba de ello es que recientemente su obra 'Diego y yo' se vendió en $34.9 millones de dólares.[38]

Esta primera parte del capítulo VIII lo dedicamos a mujeres exitosas que cruzaron el umbral para trascender a un plano superior, no obstante, su obra continúa sin importar el tiempo y el espacio, así su legado perdura en la actualidad.

En esta segunda sección presentamos mujeres exitosas que disfrutan actualmente de su vida y de su obra hasta el momento de finalizar esta investigación. Ellas comparten su talento con otras mujeres como tú para que también seas triunfadora y feliz.

---

[38] https://www.sandiegouniontribune.com/en-espanol/noticias/story/2021-11-16/diego-y-yo-de-frida-se-vende-por-record-de-34-9-millones (Consultado el 12/03/2021).

La felicidad que se vive,
deriva del amor que se da

Isabel Allende

Isabel Allende

Nació en Lima Perú en 1942, escritora chilena de nacionalidad estadounidense. Desde 2004 forma parte de la Academia Estadounidense de las Artes y las Letras. En 2010 obtuvo el Premio Nacional de Literatura. Allende inicia trabajando como periodista a los 17 años en la revista Paula y en programas de televisión en Santiago de Chile. Sus crónicas periodísticas abordaron diversos temas. También ejerció el periodismo cuando se encontraba en el exilio en Venezuela. Más tarde ella se dedicó por completo a la literatura; la escritora afirma que su futuro se decidió en 1973, a raíz del golpe militar en el que su tío el presidente Salvador Allende fue derrocado.[39]

La escritora ha mencionado que su madre fue la única dirección en su vida infantil, y subraya que posiblemente esta situación la motivó a escribir sobre mujeres. Su madre contrajo nupcias por segunda ocasión con un diplomático comisionado en Bolivia y Beirut; Isabel estudió en escuelas privadas anglosajonas en es-

[39] http://escritoras.com/escritoras/Isabel-Allende

tos dos países. En 1958 regresó a Chile y conoció a su primer esposo Miguel Frías con el que se casó en 1962. Isabel trabajó para la FAO (*Food and Agriculture Organization*) de las Naciones Unidas, en Santiago. En 1963 nació su hija Paula. En 1964 la familia va a vivir a Bruselas y Suiza; al año siguiente regresa a Chile y nace su segundo hijo Nicolás.

Dos años después, la escritora se exilió junto con su marido y sus hijos en Caracas, Venezuela; Allí, ella empieza a escribir su novela: La casa de los espíritus que se publicó en 1982 en Argentina, convirtiéndola en la esencia de la actual narrativa latinoamericana. Al respecto, se conoce que la crítica y el público han recibido con excepcional entusiasmo la producción literaria de Isabel Allende, su obra ha sido traducida a numerosos idiomas, y por tanto, la autora ha estado marcada por el éxito en su trayecto literario. En 1994 publicó Paula, esta novela está inspirada en su hija Paula Frías, quien murió en Barcelona en diciembre de 1992 a causa de una enfermedad.

En 1982 se publicó el libro que cambiaría su vida, *La casa de los espíritus.* La escritora se divorció en 1987, y en julio de 1988 se casó con Willie Gordon en San José, California. Isabel regresó a Chile en 1990 para recibir el premio *Gabriela Mistral.* Una pérdida que conmocionó la vida de la exitosa autora fue la muerte de su hija Paula. El 22 de octubre de 1993 se estrenó en Munich, Alemania, la película *La casa de los espíritus*, basada en la primera novela de Isabel Allende; este filme fue producido por Bernd Eichinger y dirigido por Billie August. La autora ha vendido más de 51 millones de ejemplares de esta famosa novela, la cual ha sido traducida a más de 27 idiomas.[40]

---

[40] https://www.escritores.org/biografias/2797-allende-isabel

Isabel Allende se casó por tercera ocasión a los 77 años con Roger Cukras, su actual esposo, en una íntima ceremonia en Washington, DC.[41]

2016 un año de reconocimientos para Allende; en septiembre, la escritora recibe el premio PEN Center Lifetime Achievement Award; en octubre Isabel comparte homenaje en el Centro de Gala de Derechos Reproductivos en Nueva York y en diciembre es inducida en el Salón de la Fama de California.[42]

Con la finalidad de conocer más sobre el trabajo y la vida de Isabel Allende, en una entrevista que tuvo lugar en el año 2021, ella responde a cuestiones interesantes.

Eres famosa por tu narrativa ¿Pero hay otros géneros literarios que también te interesaría explorar?

Isabel: Escribí obras de teatro en mi juventud y me encantó el ambiente del teatro. También intenté escribir cuentos para niños, cuando mis hijos eran pequeños, pero no he vuelto a hacerlo. Yo les contaba historias todas las noches, un entrenamiento estupendo, que he procurado mantener con mis nietos. En el año 2001, escribí La Ciudad de las Bestias, el primer libro de una trilogía para niños y jóvenes, que siguió con El Reino del Dragón de Oro y El Bosque de los Pigmeos. He escrito artículos humorísticos durante años, y creo que es el género más difícil de todos. Nunca he probado la poesía y no creo que lo haga.

¿De dónde viene tu inspiración?

[41] http://isabelallende.com/es/timeline#2019
[42] *Loc. ci*t. 2015.

Isabel: Soy una cazadora de historias, tengo buen oído para escuchar. Todas las personas tienen una historia y todas son interesantes si son bien contadas. También leo los periódicos, Además, me inspiran los viajes, mi familia y mi propia experiencia de vida.[43]

¿Qué consejo puedes dar a los aspirantes escritores?

Isabel: Escribir es como prepararse para el atletismo. Para competir hay que entrenar mucho, es trabajo que nadie ve, pero indispensable. El escritor tiene que escribir todos los días, al igual que el atleta necesita entrenar. Gran parte de la escritura nunca será utilizada, pero es esencial hacerlo. Siempre les digo a mis jóvenes estudiantes que escriban por lo menos una buena página por día. Al final del año tendrán un mínimo de 365 páginas. Eso equivale a un buen libro.[44]

Producción literaria

La casa de los espíritus (1982)	Novela
De amor y de sombra (1984)	Novela
La gorda de porcelana (1984)	Cuentos
Eva Luna (1988)	Novela
Cuentos de Eva Luna (1989)	Cuentos
El plan infinito (1992)	Novela
Paula (1994)	Novela
Afrodita (1997)	Cuentos
Hija de la fortuna (1999)	Novela
Retrato en sepia (2000)	Novela
La ciudad de las bestias (2002)	Novela
Mi país inventado (2003)	Biografía

---

[43] http://isabelallende.com/es/interview 2021.
[44] http://isabelallende.com/es/interview 2021.

El reino del dragón de oro (2003)	Novela
El Bosque de los Pigmeos (2004)	Novela
Amor (2012)	Ensayo
El juego de Ripper (2014)	Novela
El amante japonés (2015)	Novela

Isabel Allende considerada una escritora famosa en lengua española; ha vendido aproximadamente 72 millones de libros desde que se publicó *La casa de los espíritus* en 1982. En 2020 salen a la venta los libros: *Largo pétalo de Mar*, publicado en inglés y *Mujeres del alma mía*, en este libro la autora habla del feminismo, del amor, de la vejez, del sexo; de la lucha por la igualdad, del movimiento en contra del patriarcado; y de cómo superar la pérdida de una hija.[45]

Sinópsis de algunas de las obras de esta autora

La casa de los espíritus contiene los géneros: novela, realismo mágico, novela autobiográfica. El despótico patriarca Esteban Trueba ha construido con mano de hierro un imperio privado que empieza a tambalearse con el paso del tiempo y un entorno social explosivo. La decadencia personal del patriarca arrastrará a los Trueba a una dolorosa desintegración. Atrapados en unas dramáticas relaciones familiares, los personajes de esta poderosa novela encarnan las tensiones sociales y espirituales de una época que abarca gran parte del siglo XX.[46]

Excelente novela que presenta una crítica al papel que ocupaba la mujer en el siglo pasado; también narra un cambio en la política del mundo que venía ocurriendo desde las guerras mundiales y que más tarde se practicó en América Latina.

---

[45] https://www.telva.com/cultura/2020/12/02/5fc7ab9001a2f1db5e8b4657.html
[46] http://www.lecturalia.com/libro/1265/la-casa-de-los-espiritus

Sin duda, la magistral narrativa y el conocimiento histórico de Isabel Allende han sido esenciales para que la escritora imaginara una historia en la que se vive lo cotidiano con lo maravilloso, los ideales personales, el amor con las revoluciones y los ideales personales con la penosa realidad política.

'Eva Luna' en esta novela Isabel Allende recupera su país por medio de la memoria y de la imaginación. La cautivadora protagonista de este libro es un nostálgico alter ego (el otro yo) de la autora que se llama a sí misma 'ladrona de historias', precisamente porque en las historias radica el secreto de la vida y del mundo.

Por tanto, Isabel Allende ha sido considerada una de las grandes escritoras del mundo latinoamericano. Finalizamos este apartado con una cita de esta gran escritora en la cual expresa su pasión de vida:

Si no escribiera, mi alma se secaría y moriría

Isabel Allende

Continuamos presentando la vida y obra de mujeres brillantes y exitosas. La historia y la antropología son ciencias sociales que estudian la evolución y el comportamiento del ser humano a través del tiempo y del espacio. En este sentido, se tiene en alta estima la investigación de una mujer exitosa que se ha dedicado al estudio de culturas mesoamericanas, en particular la cultura maya. La doctora Mercedes de la Garza explica en sus libros de manera magistral el arte, la política, la vida cotidiana, la religión y la cosmovisión maya.

Dra. Mercedes de la Garza Camino

Nació el 12 de febrero de 1939 en la ciudad de México. Doctora en Historia, investigadora emérita de la UNAM y del Sistema Nacional de Investigadores y miembro de número de la Academia Mexicana de la Historia. Se ha especializado en el estudio de la cultura maya. La doctora realizó sus estudios en la Universidad Nacional Autónoma de México (UNAM) y en la Universidad Rey Juan Carlos en España. Asimismo, realizó diplomados y cursos de posgrado en la Universidad Complutense (España), la Universidad de Toulouse (Francia), la Universidad Estatal de Pensilvania (Estados Unidos). De la Garza ha impartido cátedra en numerosas instituciones públicas y privadas de México y España.[47]

En Ciudad Universitaria el año 2017 la doctora fue distinguida con el doctorado honoris causa por la Universidad Estatal de Humanidades de Rusia; esta institución reconoció su trayectoria académica y su valiosa contribución mediante su obra escrita y artículos publicados sobre la historia, religión, arte plástico y literatura maya contenida en numerosos libros y artículos publicados en México y otros países.

La Investigadora Emérita del Instituto de Investigaciones Filológicas (IIFL) de la UNAM expresó su beneplácito por la distin-

---

[47] http://www.elem.mx/autor/datos/110160

ción a su labor académica, con palabras de reconocimiento a uno de los primeros investigadores rusos sobre la cultura maya: "cercana a la que proporcionó plenitud al científico ruso Yuri Knórosov: el conocimiento de la cultura maya. Él nos dio la clave para descifrar su escritura, con su asombro, dedicación e incomparable talento".[48]

Relativo a este tema, el Coordinador de Humanidades consideró un honor para la UNAM que una de sus investigadoras distinguidas: humanista, y de trayectoria ejemplar y admirable, haya sido reconocida con el **doctorado *honoris causa*** por una universidad de gran prestigio en el área de las humanidades. Asimismo, el académico destacó el vínculo cultural de ambas naciones a través de la relación entre la personalidad de Knórosov y de Mercedes de la Garza. "Es un momento de gran solemnidad y alegría".[49]

De la misma manera, Viktor Koronelli, embajador de Rusia en México, también acentuó la larga relación entre los dos países, "caracterizada por un espíritu de amistad y cooperación multifacética, de manera especial en el ámbito cultural y humanístico". El diplomático expuso que la causa de Knórosov continúa a través de las investigaciones y esfuerzos de sus alumnos. Koronelli enfatiza: "Me es grato felicitar a Mercedes de la Garza por este título honorífico y desearle nuevos éxitos, y que esto sirva para consolidar la cooperación entre México y Rusia".[50]

Por su parte, la investigadora se refirió a aspectos de su propia vida académica, que tienen relación con el especialista ruso y sus propios intereses de conocimiento. "Una de las ciudades con más textos jeroglíficos y que ha llamado la atención de muchos estudiosos de la cultura maya, es Palenque, Chiapas, la más significa-

---

[48] https://www.dgcs.unam.mx/boletin/bdboletin/2019_063.HTML (Consultar esta referencia para información más amplia).

[49] *Loc. cit.*

[50] *Loc. cit.*

tiva para mí desde que Alberto Ruz, mi maestro y descubridor de la tumba de Pakal, me la mostrara".[51]

La doctora De la Garza, Guillermo Bernal y Martha Cuevas escribieron el libro Palenque Lakamha: Una presencia inmortal del pasado indígena. En este texto se narra la historia de esa ciudad, descrita por sus habitantes, y que se puede leer gracias al hallazgo de Knórosov. En este contexto la doctora señala: "El texto significó para mí el mayor acercamiento a la escritura jeroglífica maya".[52]

En la ceremonia de investidura, la vicerrectora de la Universidad Estatal de Humanidades de Rusia, Vera Sabotkina, subrayó la magnífica calidad del trabajo científico de Mercedes de la Garza en los estudios mayas; así también Sabotkina consideró un honor asistir a la UNAM para tal evento. La profesora rusa destacó el reconocimiento a una persona que ha llevado los estudios mayas a un nivel superior.

La doctora De la Garza ha publicado múltiples artículos en revistas y capítulos en obras colectivas, así como treinta y un libros, de los cuales en los siguientes párrafos se expone una reseña de algunas obras, con la intención de despertar el interés por la lectura, y por el conocimiento de una de las culturas más significativas de la historia de México.

Los Mayas: 3000 años de civilización (1992): El mejor trabajo de difusión de la cultura maya, tanto por la cientificidad y veracidad del texto, basado en una experiencia de décadas de las culturas antiguas mesoamericanas en general y con la Maya en particular, así como por la presencia de una vasta erudición universal unida a una fina sensibilidad de la autora.

[51] https://www.dgcs.unam.mx/boletin/bdboletin/2019_063.HTML
[52] *Loc. cit.*

Rostros de lo sagrado en el mundo maya (1998): La autora expone una comprensión de la cultura maya desde la perspectiva de la Historia de las religiones, dedicada al estudio objetivo del aspecto religioso, psicológico, lingüístico y antropológico. A partir de la premisa de que sólo a través de las expresiones del hombre religioso en su situación histórica se puede conocer el vínculo ritual de una cultura con sus dioses y con las fuerzas sobrenaturales. En este texto se da una visión general de la religión maya originaria en la que se destaca la manera de cómo aquellos hombres de maíz expresaron su relación con lo sagrado.

***Palenke Lakamha':* una presencia inmortal del pasado indígena** (2012). Este libro presenta un estudio sobre la ciudad maya de Palenque desde la epigrafía, la arqueología y la historia. En el texto se describe el desarrollo histórico de la gran ciudad a partir de los trazos gráficos de su propia historiografía, registrada en las múltiples inscripciones del sitio, y el de sus imágenes y monumentos. Este interesante estudio procura especial atención a la historia de los K'ukul Ajaw (gobernantes), las creencias y prácticas religiosas, que edificaron Palenke como un centro político, económico y militar, de enorme trascendencia para la región maya.

***Sueño y éxtasis.* Visión chamánica de los nahuas y mayas** (2012). En esta obra, Mercedes de la Garza estudia las ideas nahuas y mayas sobre los sueños y los éxtasis chamánicos, desde la época antigua hasta la actualidad. Por medio de un análisis comparativo, la autora revela aspectos fundamentales del chamanismo maya y nahua, a partir de la cosmovisión de la religión mesoamericana que expresa lo secreto de la experiencia vital de lo sobrenatural, es decir, la vivencia que activa las zonas cerebrales del 'alma' nocturna y mágica. Las religiones maya y náhuatl perviven en el presente conservando rasgos esenciales, aunque a través del tiempo se han adquirido nuevos significados y formas. Este estudio se fundamenta en fuentes arqueológicas, fuentes escritas, pictóricas, escultóricas y etnográficas.

Por otra parte, resulta interesante saber que en la disciplina de ciencia y tecnología destaca una mujer afroamericana estadounidense que goza de gran estima por sus contribuciones a la matemática que fundamentan los Sistemas de Posicionamiento Global, más conocidos por sus siglas en inglés GPS (Global Positioning System).

Dra. Gladys Mae Brown West

Nació en Richmond, Estados Unidos de América del Norte en 1930, Gladys se graduó como la primera en su clase, de esta forma ella ganó una beca que le permitió graduarse en la licenciatura en matemáticas en la Universidad del Estado de Virginia en 1952. West trabajó durante dos años como profesora y después retomó sus estudios, y en 1955 obtuvo el título de Magíster en Matemáticas.[53]

Un año más tarde inició su colaboración en el Campo de Pruebas Navales de Virginia donde era la encargada de un proyecto computacional de proceso de datos para el análisis de la información de satélites que orbitan la Tierra; enfocándose en el conjunto

---

[53] https://edu.lva.virginia.gov/changemakers/items/show/362

de datos que permitiera identificar exactamente dónde estaban ubicados geográficamente cuando transmitían los datos. Por tanto, Gladys West comenzó una serie de estudios desde finales de los setenta y durante los ochenta, donde programó un computador *IBM* que calculaba de manera precisa el modelo geodésico de la Tierra, además de realizar diferentes ecuaciones y algoritmos, información que fue clave para la creación del *Global Positioning System*, el que hoy permite de forma bastante precisa determinar la posición en la Tierra de cualquier persona y/u objeto.[54]

Gladys conoció a su marido, Ira West en la base naval y se casaron en 1957. Actualmente (1918) ella vive en el Condado King George, Virginia, y está terminando un doctorado a través de un programa de aprendizaje a distancia en Virginia Tech.

Cabe mencionar que West fue la segunda mujer afroamericana contratada en la base, y solo había cuatro empleados afroamericanos en total. Esta mujer exitosa causaba admiración entre sus colegas, debido a su habilidad para calcular ecuaciones matemáticas complejas; también adquirió prestigio en la programación para computadoras. West surgió como una parte integral del equipo que desarrolló el moderno Sistema de Posicionamiento Global, recopilando incansablemente datos de satélites en órbita y desarrollando algoritmos matemáticos para que las supercomputadoras procesaran elevaciones superficiales precisas.[55]

Esta extraordinaria mujer se convirtió en directora de diseño del proyecto de procesamiento de datos de altimetría por radar de Seasat, el primer satélite diseñado para la detección remota de los océanos de la Tierra, por el cual recibió grandes elogios. West publicó numerosos artículos y realizó presentaciones sobre su trabajo en conferencias nacionales e internacionales.

[54] https://mujeresbacanas.com/gladys-west-1930/

[55] https://edu.lva.virginia.gov/changemakers/items/show/362

En 1986, West publicó *'Data Processing System Specifications for the Geosat Satellite Radar Altimeter'*, una guía ilustrada de 60 páginas. La guía del Centro de Armas de Superficie Naval (NSWC) fue publicada para explicar cómo es posible aumentar la exactitud de la estimación de alturas del geoide y reflexión vertical, referentes a temas de geodesia de satélites. Estos resultados se obtuvieron mediante el procesamiento de datos creado desde la Radar Altimeter sobre el satélite Geosat, que entró en órbita el 12 de marzo de 1984.

Según datos biográficos, la matemática Gladys West siguió trabajando en la base naval en Dahlgreen durante más de cuarenta años hasta que se retiró en 1998; en 2018 se reconoció la contribución de esta científica y fue inducida en el Salón de la Fama de la Fuerza Aérea y Pioneros de los Misiles en Estados Unidos.

A lo largo de su carrera, West continuó su educación y en 2000 recibió un Doctorado en Administración Pública y Asuntos Políticos de Virginia Tech. Asimismo, en 2018, la *British Broadcasting Corporation* la nombró mujer distinguida en su programa 100 Women, el cual honra anualmente a mujeres influyentes de todo el mundo. Ese mismo año, la Asamblea General de Virginia aprobó una resolución conjunta en la que se honra a West por su carrera pionera y sus contribuciones al desarrollo tecnológico del *GPS*. El homenaje tuvo lugar en el año 2019 *Strong Men & Women in Virginia History, Library of Virginia y Dominion Energy.* [56]

Evidentemente una de las bellas artes más estimada es la música. En este arte se distingue la canta-autora:

---

[56] https://edu.lva.virginia.gov/changemakers/items/show/362

Lila Downs

Nació en el año 1968, en Tlaxiaco, Oaxaca, México, sus padres Anita Sánchez cantante y el profesor de cine Allen Downs. Desde pequeña se interesó por la música, influenciada por el ambiente artístico en el que creció. Durante su infancia escuchaba los temas que su madre interpretaba, así como a otros reconocidos artistas de la época Ella destaca en el mundo artístico como canta-autora, antropóloga y actriz, en la actualidad se considera como una de las artistas con un alto prestigio en México y América Latina. Downs interpreta sus éxitos en diversos idiomas: inglés, español, francés y portugués; así como también en idiomas originales del México antiguo: zapoteco, mixteco, maya, náhuatl y purépecha; de esta manera ella reivindica y valora sus raíces y cultura.

Lila manifestó su talento a los ocho años de edad, interpretando música regional mexicana y otros temas tradicionales ligados a su ascendencia mixteca. En 1982, ella y su padre viajaron a Estados Unidos, en donde ella continuó con sus estudios, y también dio inicio a su formación artística. En Nueva York ella ingresó a una escuela de canto. En 1984, Downs regresa a México por algunos años; después retorna a Estados Unidos y estudia antropología en la Universidad de Minnesota. Durante su estancia en la Universidad conoció al saxofonista norteamericano Paul Cohen, quien la impulsó a seguir adelante en su preparación artística, y más adelante contrajeron matrimonio. Downs inició su formación en la Academia de Bellas Artes de México y culminó sus estudios artísticos en Nueva York.

Trayectoria musical de Lila Downs

Lila Downs se lanzó como solista con el álbum *Ofrenda* (1994), trabajo discográfico de moderado éxito que incluyó canciones como: *Nos entendemos bien, Vieja la noche, Un poco más y Amándote,* cantadas en español, en mixteco y en zapoteco. Dos años después ganó reconocimiento en la escena musical mexicana con el álbum acústico Azuláo: *En vivo con Lila Downs* (1996), disco que fue grabado durante una de sus presentaciones en un café de Oaxaca; la cantante estuvo acompañada por reconocidos músicos mientras interpretaba canciones tradicionales, piezas de jazz y algunas canciones rancheras. Años más tarde regresó con *Trazos* (1998), álbum que al igual que los trabajos previos tuvo poca aceptación.

En 1999, la artista firmó contrato con los sello Narada y lanzó su primer gran éxito de ventas *La Sandunga* (1999), este disco incluyó grandes éxitos como: *Tengo Miedo de Quererte, Yunu Yucu Ninu, Perfume de Gardenias, La Sandunga, La Malagueña y Bésame Mucho.* A raíz de este éxito, Downs publicó *Árbol de la Vida (Tree of Life 2000),* álbum de trece canciones en el que aparecieron los siguientes temas: *La Iguana, Icnocuicatl, Nueve Viento, Xquenda y Arenita Azul.*

El éxito internacional se alcanzó con el trabajo discográfico *Línea (Border, 2001),* que tuvo la colaboración de grandes artistas, interpretando canciones como: *El Feo, Corazoncito Tirano, Sale Sobrando, La Niña, Tránsito y Soy Pescador.* En 2003 Lila Dawns lanzó *Una Sangre (One Blood).* En 2004 grabó *Dignificada,* dedicada especialmente a las mujeres. En 2006 *La Cantina* y en 2008 *Ojo de Culebra;* en este álbum colaboraron extraordinarios músicos y cantantes. En 2011 la cantante firmó contrato con Sony Music y presentó su séptimo álbum de estudio, *Pecados y milagros.* Este fue un momento relevante en su brillante carrera artística, ya que con este disco Downs fue galardonada con el Premio Grammy al Mejor Álbum Regional Mexicano y el Premio Grammy Latino al Mejor Álbum Folclórico. El exitoso álbum incluyó hits como: *Mezcalito, La Reyna del Inframundo, Solamente un Día, Palomo del Comalito, Misa Oaxaqueña y Pecadora.*

Dos años después esta exitosa mujer presentó Raíz en 2014, Lila trabajó en colaboración con Niña Pastori y Soledad incorporando canciones como: *La Raíz de Mi Tierra, El Día Que Me Quieras, Cumbia del Mole, Zapata Se Queda, Dime Quién Soy Yo y Tierra de Luz.* La producción discográfica ha sido grande, en 2016 Dawns lanzó *Balas y Chocolate* y en 2017 *Salón Lágrimas y Deseo;* en dichos álbumes aparecen exitosos temas: *Balas y Chocolate, Urge y Envidia.* Recientemente Lila lanzó el sencillo *Cariñito*, tema que fue incluido en su álbum *Chile* (2019), en el cual también se interpreta *Dos Botellas de Mezcal, Son del Chile Frito* y los *covers* de *Dear Someone y Sé Feliz.*[57]

Actualmente (2021) Lila Downs está promocionando su más reciente material Al Chile. El primer tema que dio a conocer, *"Cariñito"*, es una cumbia peruana escrita por Ángel Aníbal Rosado, en esta propuesta cuenta con la versión regular y una en ska a lado del grupo musical Panteón Rococó.

Al Chile se lanzó a principios de mayo de este año en plataformas digitales y en tiendas físicas, y ya figura como uno de los proyectos más escuchados por los fans de Lila Downs. En este momento, el tema cuenta con más de un millón de reproducciones en *Spotify* y con más de ocho millones en *YouTube.* Se destaca que las 11 canciones del álbum se grabaron en estudios de la Ciudad de México, Oaxaca de Juárez, Juchitán y Nueva York.

Indudablemente, Downs representa a la mujer originaria mexicana, y al mismo tiempo a la mujer latina actual; libre, independiente, sensual, alegre, tenaz, bella y elegante. Ella ha ganado cuatro premios Grammy Latino; así, Lila Downs ocupa un lugar especial como una de las exponentes de la música latinoamericana que promueve con mayor ímpetu el arte musical mexicano.

Seguramente, algunas mujeres lectoras se han identificado con una, dos o más de estas admirables y exitosas mujeres que ocupan un lugar en la historia y en el universo femenino. Por supuesto, los logros de ellas han sido excepcionales porque a través de su arte han dignificado a la mujer. Tal vez pensamos que ellas son insuperables, no obstante, ellas han otorgado sus experiencias con el propósito de que sigan formándose mujeres intelectuales y continúen la obra que ellas edificaron extraordinariamente. Como hemos aprendido en los capítulos anteriores; las mujeres desde tiempos inmemoriales poseemos la esencia y la visión de una mujer exitosa, únicamente debemos prepararnos con valor y determinación para triunfar en la vida.

¡Atrévete a ser una mujer exitosa!

Consideraciones finales

Desde tiempos inmemoriales la esencia femenina ha ocupado un lugar principal en el universo de la mujer. Como se ha visto a lo largo de este libro la mujer ha alcanzado el éxito en todos los ámbitos de su vida, gracias al esfuerzo que ha realizado; ella paulatinamente ha descubierto su potencial y lo utiliza cotidianamente. En esta investigación se han analizado aspectos relevantes acerca de las herramientas que han sido provechosas para superar obstáculos y transformarse en una mujer independiente y fuerte emocionalmente, así ella se empodera y alcanza la cima del éxito.

En mi experiencia como mentora se observa que un sinnúmero de mujeres alcanza el éxito cuando descubre su esencia y diseña su manera de vivir cultivando y renovando la fe espiritual. Asimismo, ellas trascienden cuando adquieren sabiduría, inteligencia, independencia, empoderamiento, elegancia y seguridad.

En este trabajo se analizaron diferentes tipos de miedo que obstaculizan el éxito. No obstante, en la obra Atrévete a ser una mujer exitosa se aprecia que cuando la mujer logra sus objetivos, se esfuerza, estudia, colabora, aprende, planifica, tiene autoconfianza, se conoce así misma, utiliza sus recursos, pide ayuda profesional de un mentor o un *coach* para impulsar su desarrollo personal y profesional; ella vence el miedo y consigue el triunfo anhelado.

Para la mujer cultivar una autoestima sana es fundamental, ya que la autoestima es una de las herramientas de suma importancia para vencer el miedo; de esta manera ella se responsabiliza de su felicidad, desarrollo personal y profesional, fortalece sus valores, no permite manipulación y se empodera ante las adversidades.

Cuando trabajo en mi consultoría dando apoyo y acompañamiento profesional al *mentee* con la intención de resolver conflictos personales y profesionales; en primera instancia, yo proporciono las herramientas necesarias para que el *mentee* descubra las creencias limitantes, viva el tiempo presente, desarrolle una mentalidad de abundancia y fortalezca una autoestima saludable para triunfar.

Como resultado se puede decir que el *mentee* materializa sus objetivos, se siente un ser íntegro, transforman su vida, forja nuevos objetivos, se conocen a sí mismo, tienen paz mental y emocional, confía en sí mismo, expresa sus sentimientos y opiniones sin culpa, no es fácil que otros influyan en sus decisiones.

La aportación de este capítulo radica en que una dama aprenda a tener el dominio de un lenguaje apropiado y elegante como parte de la esencia femenina, ya que este elemento permite su encuentro con la imagen de una mujer exitosa. Por tanto, desde mi particular punto de vista, el lenguaje y la imagen son herramientas de gran poder para lograr objetivos trascendentes.

Sin duda, en tiempos modernos el ser humano, tanto el hombre como la mujer se ve inmerso en un mundo donde las redes de la comunicación y la tecnología exigen la revisión y reestructuración de su comunicación interpersonal e intragrupal. En esta revisión, se incluye el uso de un lenguaje adecuado para así poder desempeñar con éxito actividades acordes a su profesión o a su rol dentro de la sociedad, así como a mantener una imagen aceptable y distinguida personal y profesional (Guardia, 2009: 1-19).

En este trabajo se presenta la imagen de una mujer emprendedora que busca el éxito para realizar sus sueños como su principal propósito de vida. Para ello, la mujer debe identificar sus habilidades, fortalezas, oportunidades y debilidades con la intención de superar los obstáculos para lograr sus metas.

Durante mi investigación identifiqué que la mujer debe aprovechar las herramientas proporcionadas con la finalidad de emprender y realizar sus sueños. Cabe señalar que una de las aportaciones de este estudio consiste en que la mujer vive y sueña sin paradigmas.

De acuerdo a mi consultoría he observado que la visión femenina se caracteriza por ser amorosa, persistente, determinante, accionable, realista, humilde, amable, inclusiva, visionaria, espiritual y empoderada.

De esta manera, en esta obra se propone que la mujer profundice su propia visión con la intención de renovar sus pensamientos, alcanzar sus sueños y transformarse en una mujer exitosa. El motivo principal para cristalizar una visión empoderada consiste en satisfacer sus anhelos y disfrutar el presente. Así la transformación a mujer exitosa se fundamenta en la visión femenina y en la sensibilidad de la mujer.

Desde mi enfoque considero que el liderazgo femenino se caracteriza por la habilidad de servir e influir con empatía, por toma de decisión, resiliencia, autodesarrollo, visión, escucha activa, impulsar resultados positivos y desarrollo profesional de sus seguidores así como demostrando una alta integridad y honestidad.

Durante mi investigación establecida en mi experiencia como mentora de liderazgo he sido testigo de la capacidad que la mujer tiene de ayudar a su equipo a desarrollar sus propias habilidades y fortaleza. Las mujeres son naturalmente cariñosas, virtud que les permite ayudar a quienes la rodean en el área laboral.

En mi experiencia como mentora y *coach* considero que la asesoría de mentor es fundamental en la transformación a mujer exitosa.

En el universo femenino las alianzas son de gran beneficio para materializar objetivos y trascender en el ámbito laboral y personal. Asimismo, la importancia del respeto de género masculino se incluye en el derecho de la equidad, así en unidad podemos crear una sociedad sana.

Para concluir quiero expresar que en la obra *Atrévete a ser una mujer exitosa* se celebra y admira a la mujer en su esencia. Las mujeres exitosas que aparecen en el libro tiene la intención de inspirar a otras mujeres a cultivar una de las bellas artes con la finalidad de alcanzar el éxito tanto en su vida personal como en su vida profesional. Asimismo, la mujer actual es libre, independiente, sensual, alegre, tenaz, bella y elegante.

Referencias bibliográficas

BEAUVOIR, Simone
El segundo sexo. Publicado en 1949.
https://www.amazon.com.mx/El-segundo-sexo-Simone-Beauvoir/dp/6073 [Consultado en enero de 2021].

____

La mujer rota. Publicado en 1968.
https://www.stunam.org.mx/17accion/cideg/biliotecadig/01La%20Mujer%20Rota%20Simone%20de%20B.pdf. [Consultado en enero de 2021].

Biblia Reina Valera. Versión 1960.
Holman Bible Publishers, 2000, USA.

BURNS, David D.
Ten days to Self- Esteem, HarperCollins Publishers INC, 1993, New York, NY. U.S.A.

Cultura y Espiritualidad, 2006. México.

CUSTER, Dan
La mente en las relaciones humanas. Taller de National Print, S.A. 1992, Naucalpan, Edo. de México, México.

CRUZ Bastida, Juan Pablo y GARCÍA Hernández Diana.
El fotón de Asclepio: *El ojo y el arma de la medicina moderna*. SEP. FCE. 2015, México.

CHÓLIZ, Mariano (Coord.) *et al.*
Psicología de la motivación y emoción. Madrid McGraw-Hill-/Interamericana, 2002, España.

DE LA GARZA, Mercedes
Sueños y éxtasis. *Visión chamánica de los mayas y nahuas*. UNAM/Fondo de Cultura Económica, 2012, México.

GREENLEAF, Robert K.
Servant Leadership, Paulist Press,1977, New Jersey, U.S.A.

GOLDSMITH, Marshall & REITER, Mark
What got you here won't get you there, Hachette Book Group, 2007, New York, U.S.A.

GOLEMAN, Daniel
Inteligencia emocional en la empresa, Harvard Business Review Press, 2018, España.
Traducción de Efrén Valle.

GULLO, PH,D., Stephen., & Church, Connie
Loveshock:How to recover from a broken heart and love again, Simon & Schuster, 1988, New York, NY, USA.

HAY, Louise L.
El poder está dentro de ti. Editorial Diana, 1999, México.

HAY, Louis L.
love your body, Hay House, INC,1985,USA.

HAY, Louis
You can heal your life, Hay House,INC,1984,USA.

HELGESEN, Sally & GOLDSMITH, Marshall
How women rise, Hachette Books, 2018, New York, NY. U.S.A.

HELMSTETTER, Shad
Negative self-talk & How to change it, Gulf Breeze, 2019, FL, U.S.A.

INIESTAMARTÍNEZ, Almudena; Martínez Sanz, Alicia; Mañas Viejo, Carmen
"Autoestima y Diversidad Funcional". International Journal of Developmental and Educational Psychology, vol. 2, núm. 1, pp. 439-446 Asociación Nacional de Psicología Evolutiva y Educativa de la Infancia, Adolescencia y Mayores, 2014, Badajoz, España.

LEÓN-PORTILLA, Miguel
"Cihuayotl iixco ca: La feminidad luce en su rostro" en: *La Mujer en el México Prehispánico*, Revista Arqueología Mexicana, Instituto de Antropología e Historia, 1998, México.

MAXWELL, John C.
Las 15 Leyes indispensables del crecimiento. Hachette Book Group, 2013, New York, NY, U.S.A.

Vivir intencionalmente. Hachette Book Group, New York, NY,2015, U.S.A.

Las 21 Leyes irrefutables del liderazgo. Thomas Nelson INC, 2007, U.S.A.
MASLOW H, Abraham
Motivación y personalidad. Ediciones, Díaz de los Santos, S. A.,1954, USA.

MCKAY, Matthew, DAVIS Martha & FANNING Patrick
Thoughts & Feelings: Taking control of your moods & your life. Raincoast Books, 2007, Canada.

MATUD, M. Pilar
"Autoestima en la mujer": un análisis de su relevancia en la salud Avances en Psicología Latinoamericana, núm. 22, pp. 129-140, 2004, Universidad del Rosario, Bogotá, Colombia.

MISNER, Ivan, DAVIES Greg & LEWIS, Julian
Infinite Giving: The 7 principles of givers gain. Independently published, BNI, 2020, USA.

OCHOA Sandy, Gerardo
"Biografía de Frida Khalo". 2018, Museo Frida Khalo, México. https://www.museofridakahlo.org.mx/wp-content/uploads/2020/05/Biograf%-C3%ADa-FK-G.Ochoa_.pdf. [Consultado en febrero de 2021].

OKAWA, Ryuho
Las leyes de la felicidad. Happy Science, 2011, Tokyo, Japón.

El pensamiento invencible. En la vida no existe la derrota, sólo el éxito,1989, México.

SANDLER, Corey & KEEFE Janice
Performance appraisal Phrase book. MA, 2014, U.S.A.

OLMEDO, Silvia
Mis sentimientos erróneos. AGUILAR, 2014, Ciudad de México.

ORTEGA Raya, Juana
La aportación de Simone de Beauvoir a la discusión sobre el género. Tesis doctoral. Historia de la Filosofía, Estética y Filosofía de la Cultura Universitaria de Barcelona. La Crítica de la Identidad 1997-1999. Barcelona, España.

PONIATOWSKA, Elena
¿"Collar de piedras finas o espinas de maguey"? En: *La Mujer en el México Prehispánico*, Revista Arqueología Mexicana, Instituto de Antropología e Historia, 1998, México.

____

Dos veces única. Editorial Planeta Mexicana, S.A. de C.V., 2015, México.
SIMKIN, Hugo; Becerra, Gastón
"El proceso de socialización". Apuntes para su exploración en el campo psicosocial. Ciencia, Docencia y Tecnología, vol. XXIV, núm. 47, pp. 119-142 Universidad Nacional de Entre Ríos Concepción del Uruguay, 2013, Argentina.

TINAT, Karine.
"La biografía ilusoria de Simone de Beauvoir" en Estudios Sociológicos, vol. XXVII, núm. 81, septiembre-diciembre, 2009, pp. 755-800 El Colegio de México, A.C., México. https://www.redalyc.org/pdf/598/5982067800 [Consultado en febrero 2021].

TRACY, Brian
Eat that frog! Berrett-Koehler Publisher, Inc., 2001, Oakland, CA, U.S.A.

TRUJILLO, Hilda
"Biografía de Frida Khalo". 2018, Museo Frida Khalo, México.

VARGAS, Gabriela
Más sobre La Imagen de Éxito. McGRAW-HILL, 1998, México.

VARGAS, Gaby
El arte de convivir en la vida cotidiana. PLANETA Mexicana, 2000, México.

____

El arte de convivir y la cortesía social. AGUILAR, 2005, México.

____

Soy mujer soy invencible ¡y estoy exhausta! AGUILAR, 2007, México.

VIRTUE, Doreen.
Mensajes de tus Ángeles. Lo que tus ángeles quieren que sepas. Grupo Editorial Tomo, S.A. de C.V., 2016, México.

Localizador de recursos uniforme (ULR)

BBC News.
"10 inventos patentados en EE.UU. que cambiaron la vida a millones de personas en todo el mundo. Thomas Alva Edison".
https://www.bbc.com/mundo/noticias-44632412 [Consultado en enero 2021].

https://lamenteesmaravillosa.com/exito-en-femenino/ 2019. [Consultado en noviembre de 2020].

https://www.museofridakahlo.org.mx/wp-content/uploads/2018/05/Bio_Frida_Kahlo-Hilda_Trujillo-es.pdf. [Consultado en febrero de 2021].

https://es.scribd.com/doc/162073181/Choliz-Mariano-Psicologia-de-la-emocion-el-proceso-emocional. [Consultado en diciembre de 2020].

https://gatopardo.com/arte-y-cultura/simone-de-beauvoir. [Consultado en febrero de 2021].

https://www.britannica.com/biography/Anna-Pavlova. Para conocer ampliamente la trayectoria de Anna Pavlova, se sugiere consultar el artículo publicado por Kathrine Sorley Walker. The Editors of Encyclopaedia Britanicca. [Consultado en febrero de 2021].

https://www.danzaballet.com/anna-pavlova-1882-1931/ [Consultado en febrero de 2021].

https://historia.nationalgeographic.com.es/a/nacimiento-frida-kahlo-mito-siglo-xx_14468 (Consultar el artículo de National Geographic). [Consultado en febrero de 2021].

https://chiapashoy.com.mx/curiosidades/el-marco-de-frida-kahlo-primera-obra-de-un-mexicano-que-adquirio-louvre/. [Consultado en febrero de 2021].

http://escritoras.com/escritoras/Isabel-Allende. [Consultado en marzo de 2021].
https://www.escritores.org/biografias/2797-allende-isabel. [Consultado en marzo de 2021].

http://isabelallende.com/es/timeline#2019. [Consultado en marzo de 2021].

http://isabelallende.com/es/interview 2021. [Consultado en marzo de 2021].

https://www.telva.com/cultura/2020/12/02/5fc7ab9001a2f1db5e8b4657.html. [Consultado en marzo de 2021].

http://www.lecturalia.com/libro/1265/ La-casa-de-los-espiritus.

http://www.elem.mx/autor/datos/110160. [Consultado en abril de 2021].

https://www.dgcs.unam.mx/boletin/bdboletin/2019_063.HTML (Consultar esta referencia para información más amplia). [Consultado en abril de 2021].

https://edu.lva.virginia.gov/changemakers/items/show/362 [Consultado en mayo de 2021].

https://mujeresbacanas.com/gladys-west-1930/. [Consultado en mayo de 2021].

https://historia-biografia.com/lila-downs/. [Consultado en mayo de 2021].

Podcast

ESCOBAR, L.
2019, 6 Junio ¿Son tus amigos ganadores?
Episodio de podcast de audio: Lucy Escobar.
https://anchor.fm/coachlucyescobar/episodes/Son-tus-amigos-ganadores-e493b-v/a-agohpv

____

2019, 5 Mayo ¿Qué tipo de líder eres tú?
Episodio de podcast de audio: Lucy Escobar.
https://anchor.fm/coachlucyescobar/episodes/Qu-tipo-de-lder-eres-t-edgiko/a-a233o1b

____

2019, 2 Agosto ¿Los 7 Hábitos de una persona exitosa? Episodio de podcast de audio: Lucy Escobar.
https://anchor.fm/coachlucyescobar/episodes/Los-7-hbitos-de-una-persona-exi-tosa-e4r1b3/a-ak47iq

2021, 21 Agosto ¿Cómo desarrollo el líder que vive dentro de mi? Episodio de podcast de audio: Lucy Escobar.
https://anchor.fm/coachlucyescobar/episodes/Cmo-desarollo-el-lder-que-vive-dentro-de-mi-e16nmuo/a-a6eq15g

2021, 6 Junio ¿Cómo me convierto en una mujer libre? Episodio de podcast de audio: Lucy Escobar
https://anchor.fm/coachlucyescobar/episodes/Cmo-me-convierto-en-una-mujer-libre-e129611/a-a5q1ogq.

2021, 28 Agosto ¿Por qué no puedo decir no? Episodio de podcast de audio: Lucy Escobar
https://anchor.fm/coachlucyescobar/episodes/Por-qu-no-puedo-decir-no-e16ht-li/a-a6e2vr7